Fabian Pasalk

111 Orte im Ruhrgebiet, die man gesehen haben muss

Band 2

emons:

Bibliografische Information der Deutschen Bibliothek
Die Deutsche Bibliothek verzeichnet diese Publikation
in der Deutschen Nationalbibliografie; detaillierte bibliografische
Daten sind im Internet über http://dnb.d-nb.de abrufbar.

© Hermann-Josef Emons Verlag
Alle Rechte vorbehalten
© alle Fotografien: Fabian Pasalk
Gestaltung: Eva Kraskes, nach einem Konzept
von Lübbeke | Naumann | Thoben
Kartografie: Regine Spohner
Kartenbasisinformationen aus Openstreetmap,
© OpenStreetMap-Mitwirkende, ODbL
Druck und Bindung: B.O.S.S Druck und Medien GmbH, Goch
Printed in Germany 2013
ISBN 978-3-95451-223-2
Originalausgabe

Unser Newsletter informiert Sie
regelmäßig über Neues von emons:
Kostenlos bestellen unter
www.emons-verlag.de

Vorwort

Das Ruhrgebiet. Wo fängt es eigentlich an, wo hört es auf? Seine Grenzen sind weder geografisch noch politisch auszumachen, eine klare Abgrenzung zum Umland lässt sich schwer ziehen. Spricht man heute vom Ruhrgebiet, orientiert man sich daher meistens an den Mitgliedsgemeinden des Regionalverbands Ruhr (RVR). Er setzt sich aus elf kreisfreien Städten und vier Landkreisen zusammen, die sich vom Niederrhein im Westen bis ins Münsterland im Osten und Norden und den Ausläufern des Sauerlandes und des Bergischen Landes im Süden erstrecken. Auch dieses Buch orientiert sich an den losen Grenzen des Regionalverbands. Vom geografischen Mittelpunkt Nordrhein-Westfalens und dem des Ruhrgebiets bis zu musealen Highlights in dessen Grenzgebieten deckt es dabei Spannendes auf.

Oder wussten Sie, wo wilde Orchideen im Ruhrgebiet wachsen? Wo ein Mammutbaumwald gedeiht? Wussten Sie, dass ein versunkenes Schloss am Grund eines Ruhrstausees ruht, oder kennen Sie den Ort im Revier, an dem sich die Erdrotation messen lässt? Wo wurde der weltweit erste Beweis für die unbemannte Raumfahrt erbracht? Wo führt Sie eine Osterprozession in die Welt des Bergbaus oder eine Bergbaustätte in die Welt der Kelten? Was hat es mit der Weißen Frau vom Wuckenhof auf sich, und wo fanden deutschlandweit die letzten Hexenverfolgungen statt? Wo gab es ein Bunkerhotel, und wo kann man noch heute in Kanalröhren schlafen?

Dieses Buch findet auf all diese Fragen Antworten und nimmt den Leser mit auf eine ungewöhnliche Reise durch das Ruhrgebiet abseits der altbekannten Sehenswürdigkeiten. Das Buch präsentiert Ihnen die Region, wie Sie sie noch nicht kannten. 111 neue Orte, die manchmal faszinierend, manchmal skurril, manchmal überraschend, aber immer voller Ruhrpottcharme sind.

Glück auf.

111 Orte

1 — Die Plaggenhütte | Alpen-Bönninghardt
  Kurpfälzische Besenbinder und der Räuber Brinkhoff | 10
2 — Das Alte Spritzenhaus | Bergkamen-Heil
  Ein historischer Schlauchturm auf neuem Fundament | 12
3 — Die Orchideenwiese | Bergkamen-Heil
  Kraftspendende Idylle neben Kraftwerk | 14
4 — Die Sunray-Ranch | Bergkamen-Overberge
  Der Wilde Westen im Osten des Ruhrgebiets | 16
5 — Das Löwendenkmal | Bochum-Ehrenfeld
  Ein Politikum wird umgedeutet und entgeht dem Abriss | 18
6 — Die Heuer-Ampel | Bochum-Mitte
  Auch für Farbenblinde deutliche Signale | 20
7 — Der Schwarze Diamant | Bochum-Mitte
  Der Kleine und der Große | 22
8 — Der Chinesische Garten | Bochum-Querenburg
  Das Pfirsichblütenland wird verwirklicht | 24
9 — Der Tippelsberg | Bochum-Riemke
  In den Spuren eines Riesen wandeln | 26
10 — Das Kap Kaminski | Bochum-Sundern
  Sputnik, Venus und die NASA | 28
11 — Der Kubus | Bochum-Weitmar
  Wenn aus Altem Neues wird | 30
12 — Die Bibliothek des Ruhrgebiets | Bochum-Wiemelhausen
  Geschichte und Gegenwart des Kohlenreviers | 32
13 — Der Geologische Garten | Bochum-Wiemelhausen
  Ein Blick in die Vergangenheit | 34
14 — Die Alte Kirche Bönen | Bönen-Mitte
  Agatha von Catania und die Verteidigungswarte | 36
15 — Der BernePark | Bottrop-Ebel
  In die Röhre gucken ... und dort schlafen | 38
16 — Der Haldenkreuzweg | Bottrop-Grafenwald
  Kirche und Bergbau gehen einen Weg | 40
17 — Das Glockenspiel | Bottrop-Innenstadt
  Ein Juwelier mit Glockengießerwurzeln | 42
18 — Der Emscherdurchlass | Castrop-Rauxel-Henrichenburg
  Wenn zwei Wasserstraßen sich kreuzen | 44

19 — Die Henrichenburg | Castrop-Rauxel-Henrichenburg
Eine Festung für das Waisenhaus | 46

20 — Das Baumhoroskop | Castrop-Rauxel-Schwerin
Keltenwurzeln durch Wurzelwerke ehren | 48

21 — Die Libeskind-Villa | Datteln-Meckinghoven
Kristalline Architektur aus Zink | 50

22 — Die Wöllepump | Dinslaken-Innenstadt
Von Pumpennachbarschaften und der Pumpenmarie | 52

23 — Die Tüshaus-Mühle | Dorsten-Deuten
Dreifacher Nutzen in der Üfter Mark | 54

24 — Der Currywurst-Drive-in | Dorsten-Feldmark
Die Pommes-Tanke für »Pommes Schranke« | 56

25 — Das Jüdische Museum Westfalen | Dorsten-Innenstadt
Bottroper Bücherfund in moderner Architektur | 58

26 — Das Magnetmuseum | Dortmund-Aplerbeck
Anziehungspunkt – auch geografisch gesehen | 60

27 — Die Roy-Black-Sammlung | Dortmund-Berghofer Mark
Gerhard Höllerich und seine Liebe zu Dortmund | 62

28 — Der Rombergpark | Dortmund-Brünninghausen
Ein Arboretum auf historischem Boden | 64

29 — Die Adler Apotheke | Dortmund-Innenstadt
Arzneimittelsammlung und Museum in alter Apotheke | 66

30 — mondo mio! | Dortmund-Innenstadt-Ost
Wie Kinder die Welt sehen | 68

31 — Die Kampfbahn Rote Erde | Dortmund-Innenstadt-West
Doppelt feiern hält besser | 70

32 — Der Steinerne Turm | Dortmund-Innenstadt-West
Ein Stück Stadtbefestigung an der Westfalenhalle | 72

33 — Der Lanstroper See | Dortmund-Lanstrop
Naturschutz trifft Mülldeponie | 74

34 — Der Syberg | Dortmund-Syburg
Eine Denkmallandschaft mit Aussicht | 76

35 — Die Brücken im Innenhafen | Duisburg-Altstadt
Ein weltweites Unikat und zwei alte Stadttore | 78

36 — Halen | Duisburg-Baerl
Das versunkene Dorf und die Rheinbrücken | 80

37 — Der Brückenkopf | Duisburg-Friemersheim
Die erste Rheinbrücke in Duisburg und ihr Überrest | 82

38 — Die Villenkolonie | Duisburg-Friemersheim
Schutz vor Emissionen durch Westlage? Leider nein | 84

39 — Der Rheinpark | Duisburg-Hochfeld
Ein neuer Stadtteil samt Naherholung | 86

40 — Die Hochzeitsmeile | Duisburg-Marxloh
Das Paradies für Jasager | 88

41 — Die Rheinhauser Bergbausammlung | Duisburg-Rheinhausen-Bergheim
Das Erbe der Zechen Diergardt und Mevissen | 90

42 — Das Radiomuseum | Duisburg-Ruhrort
Von der Goebbelsschnauze zur Philetta | 92

43 — Die Haferkästen | Ennepetal-Rüggeberg
Man kam nicht rein, man kam nicht raus | 94

44 — Der Gleispark Frintrop | Essen-Frintrop
Ein Sammelbahnhof wird sich selbst überlassen | 96

45 — Das Europahaus | Essen-Innenstadt
Aus Amerika wird Europa | 98

46 — Das Foucault'sche Pendel | Essen-Innenstadt
Die Kuxbörse und wie sich die Welt dreht | 100

47 — Schwarze Poth 13 | Essen-Innenstadt
Die Stadtwunde als Mahnmal | 102

48 — Der Bergmannsdom | Essen-Katernberg
Haniel, Haniel und noch mal Haniel | 104

49 — Der Schatzgräberbrunnen | Essen-Margarethenhöhe
Die Suche nach den Kostbarkeiten der Sommerburg | 106

50 — Ignatius Fortunas Grab | Essen-Steele
Ihrem Diener auch nach dem Tod zu Diensten | 108

51 — Das Moltkeviertel | Essen-Südostviertel
Kunst nahe Gustav Heinemanns Heimat | 110

52 — Das Wichteltal | Essen-Überruhr
Ein Leuchtturm für den Holteyer Hafen | 112

53 — Die Kunst am Baum | Gelsenkirchen-Buer
Die Berger Anlagen überzeugten schon Napoleon | 114

54 — Die Via Matris | Gelsenkirchen-Buer
Eine Sühnekapelle für was eigentlich? | 116

55 — Die alte Galopprennbahn | Gelsenkirchen-Horst
Eine Viehweide wird letztendlich Golfanlage | 118

56 — Das Schloss Horst | Gelsenkirchen-Horst
Lipperenaissance modern verpackt | 120

57 — Die Fleuthebrücke | Gelsenkirchen-Resser Mark
… und der Gahlen'sche Kohlenweg | 122

58 — Der Almaring | Gelsenkirchen-Ückendorf
Ein Motodrom für jedermann | 124

59 — Die Himmelsleiter | Gelsenkirchen-Ückendorf
Eine brennende Bergehalde mit alten Zechentrümmern | 126

60 — Der Wittringer Wald | Gladbeck-Wittringen
Naherholung am Wasserschloss mit Mahnmal | 128

61 — Die Lennemündung | Hagen-Boele
… und der Hengsteysee als Geschiebefang | 130

62 — Die Lange Riege | Hagen-Eilpe
Die älteste Arbeitersiedlung Westfalens | 132

63 — Der Holzkohlenmeiler | Haltern Am See-Flaesheim
Ein temporärer Ofen mitten im Wald | 134

64 — Das Druckereimuseum | Haltern Am See-Innenstadt
Ein Zimelienzimmer und die Gautschtradition | 136

65 — Die Ostenallee | Hamm-Bad Hamm
Von Wolffersdorffs Prachtstraße und das Kurbad | 138

66 — Die Waldbühne Heessen | Hamm-Heessen
Amateurtheater mit Proficharakter | 140

67 — Die Wasserübergaben | Hamm-Uentrop
Vom Geben und Nehmen zwischen Lippe und Kanal | 142

68 — Der Gethmann'sche Garten | Hattingen-Blankenstein
Dem Kommerzienrat sein Paradies | 144

69 — Der Skilift | Hattingen-Bredenscheid-Stüter
Das Landhaus und das Wodantal | 146

70 — Der Schulenbergtunnel | Hattingen-Mitte
Eine Kohlenbahn für Wuppertal | 148

71 — Der Niedernhof | Herdecke
Das versunkene Schloss und eine private Ruhrbrücke | 150

72 — Die Bude | Herne-Crange
… neben den drei Säulen der Stadt | 152

73 — Das Sud- und Treberhaus | Herne-Eickel
Die Hülsmann-Brauerei wird Bürgerzentrum | 154

74 — Die goldene Bischofsmütze | Herne-Röhlinghausen
Pluto V am Mittelpunkt des Ruhrgebiets | 156

75 — Das Alte Dorf Westerholt | Herten-Westerholt
Die neue Altstadt Hertens und Anna Spiekermann | 158

76 — Der Bahnwald | Holzwickede-Hengsen
Relikte eines Bahnhofs und des Hauses Ruhr | 160

77 — Das Treidlerdorf | Hünxe-Krudenburg
Krudenburg und der Lippehafen | 162

78 — Die Sektionen VII und VIII | Kamen-Methler
Lothar Kampmann im kulturlosen Ruhrgebiet | 164

79 — Das Mammutbaumwäldchen | Kamp-Lintfort
Ein Epochen-WandelWeg an der Großen Goorley | 166

80 — Die Ziethenstraße | Lünen-Süd
Siedlungsbau mit Folgekosten | 168

81 — Der Creiler Platz | Marl-Innenstadt
Hängetürme, Glaskasten, Luftkissendach, City-See ... | 170

82 — Die Burg | Marl-Sinsen
Der Schatz am Silvertbach | 172

83 — Der Grafschafter Musenhof | Moers-Innenstadt
Eine historische Spielstadt im Schlosspark | 174

84 — Der Altstadtfriedhof | Mülheim an der Ruhr-Altstadt
Ein Gräberfeld voll Stadtgeschichte | 176

85 — Die Freilichtbühne | Mülheim an der Ruhr-Altstadt
William Shakespeare, Georges Bizet, Karl May | 178

86 — Die Ruhr-Inseln | Mülheim an der Ruhr-Altstadt
Eine bebaut und eine unbebaut | 180

87 — Der Stadtviadukt | Mülheim an der Ruhr-Altstadt
Die Mülheimer Gartenschau und der Rathausplatz | 182

88 — Der Aero-Club | Mülheim an der Ruhr-Raadt
Der Galgenhügel und der Flughafen | 184

89 — Der Rhein-Ruhr-Hafen | Mülheim an der Ruhr-Speldorf
Drei Anläufe und ein Ruhrschifffahrtskanal | 186

90 — Die alte Zinkfabrik | Oberhausen-Mitte
Aus »Vieille Montagne« wird Altenberg | 188

91 — Slinky Springs to Fame | Oberhausen-Neue Mitte
Umwege erweitern die Ortskenntnis | 190

92 — Das Bunkermuseum | Oberhausen-Ost
Museum zur Luftkriegs- und Luftschutzgeschichte | 192

93 — Das Umspannwerk | Recklinghausen-Hochlarmark
Hochspannung im Museum | 194

94 — Das Underberg Palais | Rheinberg-Innenstadt
Den Aufenthalt im Rathaus sinnvoll genutzt | 196

95 — Das Martfeld | Schwelm-Möllenkotten
»Lots Flucht aus Sodom« | 198

96 — Der Schwerter Laternenweg | Schwerte-Mitte
Sagenhaft(es) gut ausgeleuchtet | 200

97 — Die Landsynagoge | Selm-Bork
... so zahlreich wie die Sterne am Himmel | 202

98 — Der Pauenhof | Sonsbeck
Deutschlands größte Traktorensammlung | 204

99 — Der Pingenwald | Sprockhövel-Spee
Die Spur der Kohle führt in die Herzkämper Mulde | 206

100 — Der Goldschatz von Unna | Unna-Innenstadt
»Goldene Schilde« und schillernde Gulden | 208

101 — Die Komponistinnenbibliothek | Unna-Innenstadt
Eine Sammlung weiblicher Musik | 210

102 — Die Quellendörfer | Unna-Mühlhausen/Uelzen
Der Hellweg, der Jakobsweg und Unnas Mittelpunkt | 212

103 — Die Rheinpromenade | Voerde-Götterswickerhamm
Drei Kamine und eine Hochspannungsfreileitung | 214

104 — Die Rieselfelder | Waltrop-Holthausen
Ein Abtreibungslager und ein Kernkraftwerk | 216

105 — Der Kirchplatz | Waltrop-Innenstadt
Der Tempel, die Hochzeitsgasse und »Lebwohl« | 218

106 — Die Wärmehäuschen | Werne-Innenstadt
Die historische Altstadt und ein Mauerausverkauf | 220

107 — Das Fusternberger Fort | Wesel-Fusternberg
Vom Kriegsbollwerk zur Friedenskirche | 222

108 — Der Elbschetalviadukt | Wetter-Wengern
Henriette Davidis und ihre alte Kochplatte | 224

109 — Der Wetterkamin | Witten-Buchholz
Durchlüften mit dem letzten seiner Art | 226

110 — Der Helenenturm | Witten-Oberdorf-Helenenberg
Ohne Rechtsstreit kein Geld für das Andenken | 228

111 — Der Lüttinger Knabe | Xanten-Lüttingen
Aus dem Rhein an die Südsee | 230

ALPEN-BÖNNINGHARDT

1 Die Plaggenhütte
Kurpfälzische Besenbinder und der Räuber Brinkhoff

Aufgrund von Kriegen, schlechter Wirtschaftslage und religiöser Benachteiligung zog es einige Kurpfälzer 1741 an den Niederrhein. Ursprünglich wollten sie über Rotterdam in die USA auswandern, doch verwehrten ihnen die Niederlande die Einreise. Einige der Migranten ließen sich daraufhin ab 1771 auf der Bönninghardt nieder. Wirtschaftlich ging es ihnen hier nicht besser – ihren Lebensunterhalt verdienten sie als Besenbinder und Tagelöhner, ihre Unterkünfte waren einfachste Plaggenhütten. Über Jahrhunderte prägten sie das Bild der niederrheinischen Anhöhe.

Seit 2002 steht eine Rekonstruktion einer solchen Plaggenhütte wieder auf der Bönninghardt. Sie veranschaulicht die ärmliche Lebensweise der hier über viele Jahrhunderte lebenden Besenbinder. Da diese völlig mittellos waren und keinerlei Unterstützungen vom Staat erhielten, waren sie auf die natürlichen Ressourcen der kargen Heidelandschaft angewiesen. Die Plaggenhütten bestanden somit aus einfachsten Holz- und Heidematerialien, wobei vor allem die aus Oberboden gestochenen Plaggen beim Bau Verwendung fanden.

Die Besenbinder zogen mit beladenen Schubkarren durch das Gebiet des Niederrheins und sicherten sich so ihren spärlichen Lebensunterhalt. Ab 1855 trieb der Räuber Wilhelm Brinkhoff hier sein Unwesen. Als Robin Hood des Niederrheins fand er in den Plaggenhütten Unterschlupf, da er die Beute seiner Raubzüge mit den Besenbindern teilte. Was den Kurpfälzer Migranten damals nicht gelang, gelang dem Räuber – er siedelte in die USA über und tauchte dort erfolgreich unter.

1896 wurde die letzte Plaggenhütte abgerissen, und die Besenbinder verschwanden aus der Gemeinde Alpen. Rund um den Nachbau wurde durch Aufforstung von Heidekraut, Ginster und Obstbäumen das Landschaftsbild der damaligen Zeit nachgeahmt. Der Bönninghardter Förderverein für Natur und Brauchtum bietet sachkundige Führungen zur Plaggenhütte an.

Adresse Bönninghardter Straße 142, 46519 Alpen-Bönninghardt, www.plaggenhuette.org |
ÖPNV Bus BAL, Haltestelle Bönninghardt Kirche | **Pkw** A 57, Ausfahrt Alpen, links auf Weseler Straße, links auf Bönninghardter Straße, circa 2 Kilometer bis zur Kirche St. Vinzenz |
Öffnungszeiten kostenlose Führungen nach telefonischer Absprache jederzeit möglich |
Tipp Auf Höhe Bönninghardter Straße, Ecke Winnenthaler Straße wurde den Besenbindern ein Denkmal gesetzt. Die große Bronzefigur mit Schubkarre wurde von der Alpener Künstlerin Erika Rutert geschaffen.

2 Das Alte Spritzenhaus
Ein historischer Schlauchturm auf neuem Fundament

Gleich zwei Bürgerinitiativen sorgten dafür, dass das Alte Spritzenhaus in seiner heutigen Pracht erstrahlt. Die erste gründete sich 1827, die zweite fast 180 Jahre später. Doch der Reihe nach.

Das bukolisch geprägte Heil lag einst im Zuständigkeitsbereich der circa 13 Kilometer entfernten Feuerwehr Hamm-Herringen. Im Falle eines Hofbrandes wären deren Löschtruppen auf ihren Pferdewagen viel zu spät vor Ort gewesen. Da das Interesse an einem eigenen Feuerschutz in Heil entsprechend groß war, schlossen sich die hiesigen Bauern zusammen, errichteten in Eigenregie das Feuerwehrhäuschen und beschafften sich eine Feuerspritze.

Zwar trotzte der Fachwerkbau jedem Wind und Wetter, jedoch überstand er die fast zwei Jahrhunderte nicht gänzlich unbeschadet. Also schlossen sich 2006 die Heiler Bürger erneut zusammen, um das Alte Spritzenhaus angemessen zu restaurieren. Hierfür nahm man zunächst das Gebäude Stück für Stück auseinander. Dabei war man bestrebt, es weitestgehend in seinen Originalteilen wieder zu errichten. So wurden selbst die alten Ziegel zur Aufmauerung des Fachwerks wiederverwendet. Lediglich ein paar morsche Hölzer tauschte man aus, festigte das Steinfundament mit Beton und gab dem alten Schlauchturm ein Stahlskelett. Vier Jahre dauerte die Restaurierung, bis das Alte Spritzenhaus 2010 als neues Schmuckstück des Dorfs wiedereröffnet wurde.

Nun dient es nicht nur als Anschauungsobjekt, sondern auch als kultureller Mittelpunkt des kleinen Dorfs. Alle zwei Jahre findet beispielsweise rund um das Spritzenhäuschen ein Weihnachtsmarkt statt. Der zehn Meter hohe Schlauchturm erfüllt seinen Zweck als Schlauchtrockner nur noch theoretisch. Er ist nun vor allem Wahrzeichen von Heil.

Und auch die historische Feuerspritze, die der benachbarte Feuerwehrlöschtrupp aus Oberaden spendete, hat hier ein angemessenes museales Zuhause gefunden.

Adresse Dorfstraße 21, 59192 Bergkamen-Heil | **ÖPNV** Bus S 80, R 81, Haltestelle Lippebrücke, circa 10 Minuten Fußweg | **Pkw** A 2, Ausfahrt Kamen/Bergkamen, rechts auf B 61 abbiegen (Lünener Straße) Richtung Bergkamen/Oberaden, nach circa 2,8 Kilometern rechts abbiegen auf Jahnstraße, nach circa 3,7 Kilometern weiter geradeaus auf Dorfstraße | **Öffnungszeiten** Im Rahmen von Stadtteilführungen kann das Spritzenhaus besichtigt werden. | **Tipp** Das Naturbad Heil bietet in einem Altarm der Lippe Badespaß und kühle Erfrischung. Es liegt in unmittelbarer Nähe des Dorfs.

3 — Die Orchideenwiese
Kraftspendende Idylle neben Kraftwerk

Die Zechen Haus Aden und Monopol trugen unfreiwillig zur Entstehung einer Naturlandschaft bei, die nun mit ganz besonderen floralen Juwelen aufwartet – mit Orchideen. Durch die beiden Bergwerke, die noch bis 2010 im Zusammenschluss als Bergwerk Ost förderten, kam es nämlich unmittelbar nördlich des Datteln-Hamm-Kanals zu Bergsenkungen. Diese führten dazu, dass unter anderem das Grundwasser aus dem Boden sickerte und ein Sumpf entstand.

1990 erklärte man dieses circa 12,6 Hektar große Areal mit dem offiziellen Titel »Feuchtgebietskomplex zwischen Landwehrstraße und Datteln-Hamm-Kanal« zum Naturschutzgebiet. Daher führen auch nur wenige Wege hinein – das Gebiet gehört der Natur, und entsprechend respektvoll sollte es von menschlichen Besuchern behandelt werden. Zum Beispiel, um die Orchideenwiese aufzusuchen. Denn inmitten des kleinen Waldkomplexes spielt sich jeden Frühling auf einer kleinen Lichtung ein Naturschauspiel der besonderen Art ab. Dann beginnt die Blütezeit des Gefleckten und des Breitblättrigen Knabenkrauts. Vor allem da die breitblättrige Orchideenart auf der Roten Liste gefährdeter Arten steht, ist das alljährliche Naturspektakel ein Höhepunkt der Region. Doch nur der ehrenamtlichen Tätigkeit des Naturschutzbundes (NABU) in Unna ist es zu verdanken, dass die Blütenpracht jedes Jahr aufs Neue erstrahlt. Denn Orchideen sind empfindlich. Daher benötigt auch die Wiese eine ganz besondere Hege. Einmal im Jahr wird sie gemäht und die Mahd behutsam abgetragen. Während der Blütezeit bietet der NABU Unna zudem Führungen zur Orchideenwiese an.

Ungefähr bis Mitte Juni lassen sich die Orchideen bewundern, dann werden sie von hohen Gräsern überwuchert. Doch auch danach bildet das Feuchtgebiet ein Idyll, an dessen östlichem Ende man alles erwartet, nur nicht ein Steinkohlekraftwerk. Hier begrenzt nämlich das Kraftwerk Bergkamen das Feuchtgebiet.

Adresse Nördliche Lippestraße, 59192 Bergkamen-Heil, www.nabu-unna.de | **ÖPNV** Bus 126, Haltestelle Lippestraße | **Pkw** A 2, Ausfahrt Kamen/Bergkamen, rechts auf B 61 abbiegen (Lünener Straße) Richtung Bergkamen/Oberaden, nach circa 2,8 Kilometern rechts abbiegen auf Jahnstraße, hinter dem Kanal rechts auf Königslandwehr, dann rechts auf Nördliche Lippestraße | **Tipp** Das südlich das Feuchtgebiet begrenzende Ufer des Datteln-Hamm-Kanals lässt sich am besten per Fahrrad erobern. Auf dessen Südseite, die über die Brücke an der Jahnstraße zu erreichen ist, befindet sich die begehbare Halde Großes Kreuz und der Förderturm der Zeche Haus Aden.

4 Die Sunray-Ranch
Der Wilde Westen im Osten des Ruhrgebiets

Sunray ist nicht nur das englische Wort für Sonnenstrahl. Es ist zudem der Name einer Stadt im amerikanischen Wildwest-Bundesstaat Oklahoma. Damit ist auch klar, was auf der Sunray-Ranch geboten wird – Westernreiten.

Die einst von Cowboys zum Viehtrieb genutzten Reittechniken haben sich nicht nur zu einer ernst zu nehmenden Disziplin des Pferdesports entwickelt, sondern auch im allgemeinen Leistungssport ihren Platz gefunden. Beispielsweise ist die Disziplin »Cutting« nach Tennis und Golf die weltweit höchstdotierte Sportart. Und auch auf der Sunray-Ranch wird Cutting betrieben. Dabei muss der Reiter ein Rind aus einer Herde separieren und dessen natürlichen Herdentrieb unterdrücken – einziges sportliches Hilfsmittel ist das Pferd selbst. Vor allem bei den beliebten Turnieren auf der Sunray-Ranch ist diese Disziplin ein großer Publikumsmagnet.

Doch werden hier noch mehr Westerndisziplinen geboten. Da wäre beispielsweise das »Reining«, welches sich mit dem klassischen Dressursport vergleichen lässt – nur eben im Westernstil. Und dann das sogenannte »Trail«, bei dem das besondere Vertrauen zwischen Tier und Reiter deutlich wird. Denn beim Trail muss ein Parcours bewältigt werden und beispielsweise ein Hindernis rückwärts durchritten werden. Die Bergkamener Ranch besitzt in ihrem Außenbereich ebenfalls einen solchen Parcours.

Generelle Reitgrundlagen vorausgesetzt, bietet der Hof von allgemeinen Westernreitkursen für Einsteiger über Reining-, Trail- oder Cuttingschulungen für Fortgeschrittene ein breit gefächertes Programm für alle Reitbegeisterten. Und wer lieber zuschauen möchte: Die Sunray-Ranch lockt regelmäßig mit zahlreichen Veranstaltungen und Turnieren rund um das Westernreiten. Schließlich rundet das Restaurant »Sunny's Tränke« mit passenden Speisen das Angebot ab und macht das Wildwestgefühl im Osten des Ruhrgebiets komplett.

Adresse Friedhofstraße 26, 59192 Bergkamen-Overberge, www.sunray-ranch.de | **ÖPNV** Bus R12, Haltestelle Heinrichstraße, dann circa 15 Minuten Fußweg | **Pkw** A2, Ausfahrt Kamen/Bergkamen, links auf B61 abbiegen (Lünener Straße) Richtung Kamen/Bergkamen, nach circa 2,4 Kilometern links auf Westring, nach circa 1 Kilometer Vorfahrtsstraße weiter folgen auf Friedhofsstraße | **Öffnungszeiten** Sunray-Ranch: Mo–So tagsüber, Sunny's Tränke: Di–Sa ab 15.30 Uhr, So ab 10 Uhr | **Tipp** Südlich der Ranch auf der Hüchtstraße liegt direkt an der A2 auf Kamener Gebiet die Parkanlage Galgenberg. Hier befand sich im Mittelalter der Kamener Galgen.

BOCHUM-EHRENFELD

5 Das Löwendenkmal
Ein Politikum wird umgedeutet und entgeht dem Abriss

Der Erste Weltkrieg war vorbei, und man wollte natürlich auch den gefallenen hiesigen Soldaten ein Denkmal setzen. Ein Veteranenverband sammelte also Gelder und beauftragte schließlich den Kölner Bildhauer Willy Meller mit der Fertigung – 1928 präsentierte er der Ehrenfelder Bevölkerung feierlich das Löwendenkmal.

Die auf einem Sockel ruhende steinerne Raubkatze wurde von Meller mit einem Pfeil versehen, der die rechte Flanke des Tiers durchbohrt. Trotz der damit angedeuteten tödlichen Verletzung ließ der Künstler den Löwen brüllend mit weit aufgerissenem Maul gen Westen blicken – Richtung Frankreich. Sowohl die provozierende Geste als auch die Inschrift »Der Überzahl erlegen, im Geiste unbesiegt« unterstrich die damals noch herrschende Erbfeindschaft zwischen Deutschland und Frankreich. Diese entstand bereits unter Ludwig XIV. im 17. Jahrhundert und manifestierte sich in diversen Kriegen. Schon nach dem Deutsch-Französischen Krieg 1870/71 beschloss die Bevölkerung der damals eigenständigen Gemeinde Wiemelhausen, zur Erinnerung an den siegreichen Krieg die Gemarkung »kleine Tocke« in Ehrenfeld umzubenennen.

In Ehrenfeld hat auch das Löwendenkmal bis heute überdauert – jedoch nicht ohne eine politische Diskussion loszutreten. Nachdem die Feindschaft 1963 mit dem Élysée-Vertrag offiziell beendet wurde, galt die Provokation durch das Denkmal in der Bevölkerung als nicht mehr haltbar. Doch deren Versuche, die Stadtverwaltung von der Demontage zu überzeugen, scheiterten. Im Rahmen einer Gemeinschaftsaktion unter anderem linker Jugendorganisationen wurden 1983 Teile der Inschrift herausgemeißelt; die gänzliche Entfernung wurde jedoch durch die Polizei verhindert.

Die Kontroverse um das Löwendenkmal endete erst 1990 mit der Installation einer erklärenden Plakette. Diese deutet den brüllenden Löwen als Mahnmal »zur friedlichen Verständigung der Völker« um.

Adresse Waldring 71, 44789 Bochum-Ehrenfeld | **ÖPNV** Bus 353, Haltestelle Rechener Park | **Pkw** Bochumer Ring bis Ausfahrt Hattingen/BO-Stiepel, Richtung BO-Zentrum auf die Königsallee bis Ecke Waldring fahren | **Tipp** Gegenüber dem Löwendenkmal befindet sich der Rechener Park. Er wird von dichtem Baumbestand dominiert, da er einst aus dem Wald hervorging, der die Gemarkung »kleine Tocke« beherrschte.

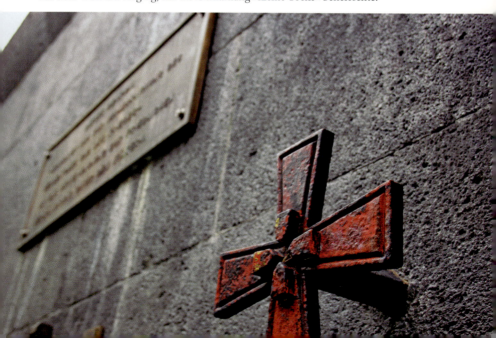

6 Die Heuer-Ampel
Auch für Farbenblinde deutliche Signale

Josef Heuer hatte ein Problem – zwei seiner drei Söhne litten unter Rot-Grün-Schwäche. Ab Mitte der 1920er Jahre verbreiteten sich auf deutschen Straßen jedoch Ampelanlagen, deren Leuchtsignale ausgerechnet diese Farbkombination beinhalteten. Josef Heuer fürchtete für seine Sprösslinge eine erschwerte Teilnahme am Verkehrswesen.

Also musste eine Lösung her – eine Ampel, die nicht nur farbliche Signale sendete, sondern auch eindeutige Zeichen für Menschen mit Rot-Grün-Schwäche gab. Als passionierter Erfinder im Ingenieurswesen war Heuers Ehrgeiz geweckt. Ab 1930 präsentierte der ehemalige Praktikant der Essener Krupp-Werke daher die Lösung seines Problems – die Heuer-Ampel.

Neben gewöhnlichen Lichtsignalanlagen trat auch Josef Heuers Erfindung ihren Siegeszug durch die Welt an und war in vielen Städten vertreten. In Deutschland wurde sie jedoch in den 1970ern, mit Inkrafttreten der neuen Straßenverkehrsordnung, verboten.

In Bochum sah man allerdings nicht ein, sie zu entfernen, und behielt sie bis heute als markantes Stadtinterieur. Mitten in der Fußgängerzone, dort, wo auch damals tatsächlich die Heuer-Ampel hing, schwebt sie noch heute über den Köpfen der Stadtbummler. Selbst das dort stehende Einkaufszentrum hat sich in Anlehnung an die historische Signalanlage »Drehscheibe« genannt. Dabei ist das Prinzip der Heuer'schen Drehscheibe simpel: In Aussehen und Funktion einer analogen Uhr ähnlich, deuten ihre zweiköpfigen Zeiger entweder auf eine grüne oder auf eine rote Fläche und signalisieren allein durch ihre Position den derzeitigen Fahrbetrieb. Da alle Zeiger der Signalanlage miteinander verbunden waren und so Fehlschaltungen ausgeschlossen waren, galt die Heuer-Ampel damals sogar als sicherer als elektronische Ampeln.

Inwiefern Josef Heuers Söhne davon profitierten, ist nicht überliefert. Bochums Innenstadt wird zumindest visuell aufgewertet.

Adresse Kortumstraße, Ecke Bongardstraße, 44787 Bochum-Mitte | **ÖPNV** diverse Busse und Bahnen, Haltestelle Bochum Hauptbahnhof, circa 5 Minuten Fußweg | **Pkw** aus allen Richtungen, Beschilderungen Richtung Bochum-Zentrum folgen, dort auf die ausgewiesenen Parkmöglichkeiten zurückgreifen | **Tipp** Folgt man der Kortumstraße gen Norden stößt man auf die Brückstraße. Hier befindet sich das unter Denkmalschutz stehende Alte Amtshaus. Das Gebäude mit dem schmuckhaften Satteldach stammt aus dem Jahr 1894.

7 Der Schwarze Diamant
Der Kleine und der Große

Carbonados sind seltene Minerale, deren Name aus dem Spanischen kommt und Kohlenstoff bedeutet; hierzulande sind sie jedoch aufgrund ihrer Farbe als »Schwarze Diamanten« bekannt. Bochum besitzt gleich zwei solcher Schwarzer Diamanten – einen kleinen und einen großen.

Ob seiner Größe ist der Kleine eine echte Kostbarkeit und in Deutschland einzigartig. Erworben wurde das Mineral 2010 in Südafrika von einem Bochumer Juwelier, der den wertvollen Stein weiterverschenkte. Und zwar an den großen »Schwarzen Diamanten«. Dabei handelt es sich um einen Anbau des Bochumer Bergbaumuseums. Aufgrund seiner pechschwarzen Außenhülle und seiner kubischen Form erhielt der Erweiterungsbau von 2009 im Volksmund den passenden Beinamen. Das Architekturbüro Benthem Crouwel ließ sich bei dem Bau des Schwarzen Diamanten etwas Besonderes einfallen. In seine schwarze Außenfassade arbeiteten sie Siliciumcarbid ein. Dies führt dazu, dass das Gebäude bei Sonneneinstrahlung glitzert wie ein echter Diamant.

Zudem sucht der Bau einen architektonischen Bezug zum Museum und zum Bergbau. So erinnern die Fensterfronten an Querschnitte von Kohleflözen, ebenso die beiden Brücken, die den »Schwarzen Diamanten« mit dem Trakt des Bergbaumuseums in der ersten und zweiten Ebene verbinden. Durch flözartige Lichtschlitze im Dach ist zudem das Fördergerüst des Museums jederzeit wahrnehmbar. Auch innen wird der Ausstellungskomplex von Rampen und Gängen durchzogen, die dem Konzept der Untertageoptik entsprechen. Dort sind nun die Sonder- und Wechselausstellungen des Bergbaumuseums untergebracht. Diese finden auf Ebene 1 und 2 des Anbaus Platz, während auf Ebene 0 die weltgrößte Ausstellung zur Schutzheiligen der Bergleute, der heiligen Barbara, untergebracht ist. Und selbstverständlich befindet sich auch der echte Schwarze Diamant als Ausstellungsobjekt im »Schwarzen Diamanten«.

Adresse Schillerstraße 20, 44791 Bochum-Mitte | **ÖPNV** U-Bahn U35, Haltestelle Deutsches Bergbau-Museum | **Pkw** aus allen Richtungen zunächst Richtung BO-Zentrum, dann der Beschilderung Bergbaumuseum folgen | **Öffnungszeiten** Di–Fr 8.30–17 Uhr, Sa, So, Feiertage 10–17 Uhr, der »Schwarze Diamant« jeweils nur bis 16.45 Uhr | **Tipp** Hinter dem Bergbau-Museum liegt am Schillerplatz das Bochumer Polizeipräsidium. Das historische Gebäude ist im Stil des Backsteinexpressionismus erbaut und weist eine imposante Eingangshalle auf.

8 Der Chinesische Garten
Das Pfirsichblütenland wird verwirklicht

Tao Qian war ein berühmter chinesischer Dichter des 4. Jahrhunderts, der in seiner Lyrik von einer idealen Gesellschaft träumte und damit die gesellschaftlichen Sehnsüchte nach einem sorgenfreien Leben stillte. Die auf Harmonie ausgelegte Philosophie, die Qian in seinen Werken vermittelte, wurde im Chinesischen Garten in Bochum aufgegriffen. Hierfür reisten 1986 extra Experten aus Shanghai ein, die die chinesischen Lehren architektonisch und gestalterisch umzusetzen wussten. So verwirklichten sie in dem bereits vorhandenen Botanischen Garten der Ruhr-Universität auf circa 1.000 Quadratmetern »Qian Yuan«, wie er offiziell heißt.

Umrahmt von einer Natursteinmauer, ist er nun ein idyllisches Refugium südlich der Universität. Dabei ist er der einzige Chinesische Garten Deutschlands, der sich am südchinesischen Gartenbaustil orientiert. Während der nördliche beziehungsweise kaiserliche Stil auf Großzügigkeit und edelste Baustoffe wie Marmor setzt, fügt sich der südchinesische Stil mit einfachen Materialien und dezenter Farbgebung harmonisch in die Umgebung ein. So lädt auch der Bochumer Garten durch seinen Einklang zwischen Architektur und Natur zum Verweilen, Entspannen und Meditieren ein.

Von einer weiß getünchten Haupthalle mit typisch asiatisch geschwungenem Dach aus lässt sich der Garten über einen Wandelgang erschließen. Ein Steinweg führt zunächst hinunter an den großen Teich zum Wasserpavillon, dann wieder hinauf in eine kleine Felslandschaft. Dabei finden sich chinesische Ornamentik und Holzschnitzereien überall in den architektonischen Elementen wieder. Rundfenster in der umgebenden Mauer öffnen den Garten zum Ruhrtal hin.

Tao Qian berichtet in seinen Epen von einem Fischer, der eines Tages in dem sogenannten Pfirsichblütenland erwacht und dort die perfekte Harmonie vorfindet. Bochums Chinesischer Garten kommt diesem Traumland schon sehr nahe.

Adresse Universitätsstraße 150, 44801 Bochum-Querenburg, www.boga.ruhr-uni-bochum.de/chinagarten.html | **ÖPNV** U-Bahn U 35, Haltestelle Ruhr-Universität | **Pkw** A 40, Ausfahrt Bochum-Stahlhausen (32), Richtung Bochum-Weitmar, über Bochumer Ring, Beschilderung Ruhr-Universität folgen | **Öffnungszeiten** April–Sept. 9–18 Uhr; Okt.–März 9–16 Uhr | **Tipp** Südlich des Gartens befindet sich das Lottental. Neben dem tollen Ausblick zur Ruhr steht dort noch ein Gebäude des Schachtes Anna der Zeche Glücksburg.

9 — Der Tippelsberg
In den Spuren eines Riesen wandeln

Als der Riese Tippulus auf großer Wanderschaft war, musste er in Bochum sein Schuhwerk von dicken Lehmklumpen befreien. Diese blieben liegen und bildeten fortan den Tippelsberg.

So berichtet eine Sage über die Entstehung der markanten Erhebung. 40 Meter ragt die Landmarke über ihre Umgebung auf und ermöglicht bei guter Sicht einen Weitblick von bis zu 80 Kilometern. Dem Ausläufer des Ardeygebirges half man beim Wachstum in den 1980ern nach, indem man ihn als Schuttabladeplatz für den Bochumer U-Bahn-Bau nutzte. Aufgrund von Bergsenkungen sackte der Tippelsberg jedoch wieder ab, sodass er seine ursprüngliche Höhe ungefähr beibehalten hat.

Als man den Tippelsberg 2007 als Naherholungsgebiet der Öffentlichkeit zugänglich machte, installierte man in Anlehnung an die Sage von Tippulus große Betonfußabdrücke auf dem Hang. Vor allem Kinder können so in den Spuren des Riesen wandeln. Eine andere Sage berichtet übrigens, dass Tippulus auf dem Tippelsberg lebte und im Streit mit dem Riesen vom Essener Mechtenberg aus Zorn einen Stein nach diesem warf. Doch der Stein landete bereits auf demÜckendorfer Marktplatz und wurde fortan von denÜckendorfern als Thingstätte genutzt. Heute liegt dieser Felsbrocken am Eingang des Von-Wedelstaedt-Parks.

Doch zurück zum Tippelsberg: Für Kinder ist neben den Fußspuren ein Pfad mit Balancierbalken und anderen Spielgeräten eingerichtet worden. Das Gipfelplateau wurde mit Natursteinen gepflastert, in deren Mitte ein großes Steinkreuz nun als Sitzmöglichkeit dient. Die Funktion des Tippelsbergs als Aussichtsplattform unterstrich man, indem man sieben Stelen aus Stahl rundherum installierte. Auf ihnen sind nicht nur die wichtigsten Sehenswürdigkeiten der Umgebung aufgelistet – durch Gucklöcher wird der Blick direkt auf die entsprechenden Objekte gelenkt. Eine achte Stele gibt die Sagen von Tippulus wieder.

Adresse Tippelsberger Straße, Höhe Zillertalstraße, 44807 Bochum-Riemke | **ÖPNV** Bus 344 oder 353, Haltestelle Tippelsberg | **Pkw** A 40, Ausfahrt Bochum-Zentrum, Richtung Herne, nach circa 2,2 Kilometern rechts auf Tippelsberger Straße | **Tipp** Biegt man kurz hinter dem Parkplatz in die Tenthoffstraße ein, erreicht man nach kurzem Fußweg die Harpener beziehungsweise Werner Teiche. Dies sind insgesamt sieben Teiche, die durch ein Wegenetz verbunden sind.

10 Das Kap Kaminski
Sputnik, Venus und die NASA

Mit dem Wettlauf ins All trugen die USA und die Sowjetunion ihren Rüstungswettkampf des Kalten Kriegs in den Weltraum hinauf. Es waren schließlich die Russen, die 1957 mit Sputnik 1 den ersten Satelliten in den Orbit schossen. Professor Heinz Kaminski empfing drei Tage nach Start der sowjetischen Trägerrakete von der Bochumer Sternwarte aus die Radiosignale des künstlichen Erdtrabanten. Seine damals angefertigten Tonbandaufnahmen gelten weltweit als erste außerhalb des Ostblocks erbrachten Beweise für die unbemannte Raumfahrt.

Schon 1946 hatte der Hobbyastronom und Umweltforscher auf der Anhöhe des Weitmarer Holzes die Sternwarte gegründet. Der Erfolg der Sputnikortung machte sie zu einem anerkannten Institut der Weltraumforschung. Unter der Leitung Kaminskis wurde das Institut im Laufe der Jahre weiter ausgebaut und erhielt 1967 ein 40 Meter hohes Radom. Die runde Radarkuppel ist noch heute das markanteste Bauwerk der Sternwarte. In ihr befindet sich nicht nur die 20 Meter große Parabolantenne, mit der unter anderem sämtliche Apollo-Programme der NASA verfolgt wurden; zudem ist in dem weißen Rund auch eine Dauerausstellung zur Geschichte der Raumfahrt eingerichtet. Als vom Land Nordrhein-Westfalen gefördertes Weiterbildungszentrum ist die Bochumer Sternwarte damit ein Bindeglied zwischen aktiver Weltraumforschung und bürgernaher Wissensvermittlung.

Im Jahr 2009 konnte die Sternwarte erneut einen internationalen Erfolg für sich verbuchen. Als erste europäische Einrichtung ortete sie das Echo eines anderen Planeten – das der Venus. Dadurch wurde die NASA auf das Institut aufmerksam und arbeitet seitdem mit ihm zusammen.

Der Volksmund würdigt Kaminskis astronomische Errungenschaften, indem er die Sternwarte schlichtweg als Kap Kaminski bezeichnet.

Adresse Blankensteiner Straße 200a, 44797 Bochum-Sundern, www.sternwarte-bochum.de | **ÖPNV** Bus 353, Haltestelle Sternwarte Bochum | **Pkw** über Bochumer Ring, Ausfahrt BO-Weitmar, auf die Kohlenstraße, rechts auf Hattinger Straße, nach circa 2,5 Kilometern links auf Heinrich-König-Straße, dann rechts auf Schloßstraße | **Öffnungszeiten** Radom: Di–Do 11–16, Fr 11–14 Uhr, So 11–17 Uhr (April–Okt.) bzw. 11–16 Uhr (Nov.–März), Veranstaltungstermine der Homepage entnehmen | **Tipp** Im umgebenden Weitmarer Holz findet sich der Jörgenstein. Er erinnert an die Sage des Bauern Jörgen, der hier die erste Kohle auf Bochumer Stadtgebiet fand.

11 Der Kubus
Wenn aus Altem Neues wird

Wie der Phönix aus der Asche erhebt sich mitten aus den Ruinen des Hauses Weitmar ein Prachtstück moderner Architektur – der Kubus. Er bildet zwar einen starken Kontrast zum alten Gemäuer, fügt sich aber dennoch harmonisch in seine Umgebung ein. Wie der Name schon andeutet, besteht seine Formgebung aus der geometrischen Schlichtheit eines Würfels, wird aber durch die großflächige mintfarbene Glasfassade aufgewertet.

Der 2010 eröffnete Kubus ist ein Erweiterungsbau der Kunstsammlung »Situation Kunst«. Sie besteht bereits seit 1988 im Schlosspark von Haus Weitmar und ist unter anderem in vier ebenfalls quaderförmigen Gebäuden untergebracht. Seit 1991 an die Kunstsammlungen der Ruhr-Universität Bochum angegliedert, bietet der Museumskomplex Werke der internationalen Gegenwartskunst. Da »Situation Kunst« den Bezug zwischen Kunst, Architektur und Natur sucht, werden Ausstellungsstücke auch in den umgebenden Schlosspark hinausgetragen. Zwischen dem alten Baumbestand finden sich diverse Skulpturen. Ebenfalls auf dem Gelände des Hauses Weitmar liegt die weltweit beachtete Kunsthalle »Galerie m Bochum«.

Die Ruine des Hauses Weitmar in die vorhandene Kunstlandschaft zu integrieren, war logische Konsequenz aus dem musealen Angebot und dem wachsenden Bedarf an Ausstellungsfläche. Der 1592 erbaute Adelssitz wurde 1943 durch einen Bombenangriff zerstört. Lediglich die Außenmauern des Haupthauses und die westlich davon liegende Silvesterkapelle blieben stehen. Als man ab 2009 den Kubus hineinsetzte, restaurierte man auch das alte Mauerwerk, wobei zudem die umlaufende Gräfte wiederhergestellt wurde.

Nun bietet der Kubus in erstaunlicher Kulisse auf 1.200 Quadratmetern auf vier Ebenen Platz für Wechselausstellungen und kunstwissenschaftliche Veranstaltungen. Zudem sind die Restaurierungswerkstatt sowie eine kleine Gastronomie in den Kubus integriert.

Adresse Schloßstraße 1, 44795 Bochum-Weitmar, oder über Nevelstraße 29, 44795 Bochum-Weitmar | **ÖPNV** Straßenbahn 308, 318, Haltestelle Haus Weitmar | **Pkw** über Bochumer Ring, Ausfahrt BO-Weitmar/Wattenscheid/Eppendorf, auf die Hattinger Straße Richtung BO-Wattenscheid-Eppendorf, rechts in In der Uhlenflucht, dann links in Nevelstraße | **Öffnungszeiten** Mi, Do, Fr 14–18 Uhr, Sa, So und Feiertage 12–18 Uhr, Heiligabend und Silvester geschlossen | **Tipp** Circa sechs Autominuten gen Süden durch das Weitmarer Holz befindet sich an der Straße Am Bliestollen der Hammerkopfturm der Zeche Brockhauser Tiefbau. Der älteste seiner Art im Ruhrgebiet ist aus Bruch- und Sandsteinen gebaut und besticht durch seine Rundbogenfenster.

BOCHUM-WIEMELHAUSEN

12 Die Bibliothek des Ruhrgebiets

Geschichte und Gegenwart des Kohlenreviers

Manch einer proklamiert 111 Orte als Ruhrgebietshöhepunkte, andere geben nur die bedeutendsten Sehenswürdigkeiten kund, und wieder andere kommen selbst mit 1.000 Seiten nicht aus, um die Faszination des Ruhrgebiets zu beschreiben. Doch welche Orte wirklich von Belang sind und wo wirklich bedeutende Geschichte geschrieben wurde, weiß ganz sicher eine Quelle – die Bibliothek des Ruhrgebiets. Hier ist gesammelt, was es über das Ruhrgebiet zu sammeln gibt. Ob Bergbauliches oder Bürgerliches – ob Kulturelles oder Urbanes. Mit circa 500.000 Druckerzeugnissen und zahlreichen Medien wie CDs, DVDs oder Mikrofilmen dokumentiert die Bibliothek umfangreich die Geschichte des Ruhrgebiets. Dabei ist sie die bedeutendste wissenschaftliche Spezialbibliothek in diesem Fachbereich in Deutschland.

Gegründet wurde sie 1998 aus einem Zusammenschluss dreier bestehender Bibliotheken von der Stiftung Bibliothek des Ruhrgebiets. Die älteste und größte war dabei die bereits 1859 ins Leben gerufene Bergbau-Bücherei. Sie weist noch handgeschriebene Bergordnungen aus dem 15. Jahrhundert ebenso wie technische Literatur aus dem frühen 20. Jahrhundert auf. Dann wären da noch die Bibliothek des Instituts für soziale Bewegungen aus der Ruhr-Universität Bochum sowie die Bibliothek der ehemaligen Industriegewerkschaft Bergbau und Energie, die mit in die große Sammlung einflossen. Die Bestände werden fortlaufend erweitert und durch Medien anderer schwerindustrieller Ballungsräume und einer Sammlung zur internationalen Montangeschichte ergänzt. Des Weiteren bietet die Bibliothek alte Flözkarten, eine internationale Plakatsammlung und ein großes Archiv.

Geöffnet ist die Bibliothek für jedermann. Zweimal im Jahr lädt sie zudem zum Abendprogramm »Erlesenes« ein und stellt ihre Bestände vor.

Adresse Clemensstraße 17, 44789 Bochum-Wiemelhausen | **ÖPNV** Straßenbahn 308, 318, Bus 353, CE 31, Haltestelle Schauspielhaus Bochum | **Pkw** A 40, Ausfahrt Bochum-Hamme Richtung Hordel/Zentrum, nach circa 2,2 Kilometern rechts auf Nordring, nach circa 1 Kilometer rechts auf Viktoriastraße, nach circa 500 Metern vor dem Schauspielhaus links in Clemensstraße | **Öffnungszeiten** Mo–Fr 9–18 Uhr, Archiv: Mo–Fr 9–16.30 Uhr | **Tipp** Drei Fußminuten gen Süden liegt das imposante Schauspielhaus Bochum. In Deutschlands größtem Schauspielhaus hat schon Herbert Grönemeyer seine Karriere begonnen und Tana Schanzara über Jahrzehnte gewirkt.

BOCHUM-WIEMELHAUSEN

13 Der Geologische Garten
Ein Blick in die Vergangenheit

Die Geschichte des Bergbaus ist eng verwachsen mit der geologischen Entwicklungsgeschichte früherer Erdepochen. Denn es war der vor über 300 Millionen Jahren in Gang gesetzte Inkohlungsprozess, der das schwarze Gold entstehen ließ und dem Ruhrgebiet schließlich seine industrielle Blütezeit bescherte. Ein Blick unter anderem in dieses Erdzeitalter bietet seit 1971 der Geologische Garten. Der typische Aufbau von Kohle- und Deckgestein wird hier durch zutage tretende Gesteinsschichten deutlich. Was sonst nur unter Tage erfahrbar ist, wurde anschaulich aufbereitet und führt den Besucher des Parks anhand mehrerer Stationen durch drei Erdzeitalter – das Karbon, die Kreide und das Quartär.

Doch zunächst sorgten die geologischen Voraussetzungen dafür, dass hier schon früh Kohle abgebaut wurde. Bereits 1770 nahm das Bergwerk Friederika seinen Betrieb auf und konnte anfangs oberflächennah Kohlen abtragen und später zum Tiefbau übergehen. Ab 1952 übernahm dann ein Ziegeleibetrieb das Gelände und nutzte den vorhandenen Steinbruch als Materiallieferant.

Nun ist die Parkanlage zuallererst Naherholungsfläche, bestehend aus Wiesenfläche, Spazierweg und Baum- und Buschbeständen. Ergänzt wird das Grün durch die umgebende Felslandschaft des kleinen Steinbruchs. Hier lagern Schichten des Karbons und der Kreidezeit übereinander. Anhand von Schautafeln werden die Besonderheiten der Gesteinsschichten hervorgehoben. Aus der letzten Eiszeit im Quartär liegen zudem diverse Findlinge auf den Wiesen. Ein sogenannter Steinkohlenwald, der aus verkohlten Schuppenbäumen besteht, die man eingelagert in den Flözen fand, stellt den direkten Bezug zum Bergbau her. Doch finden sich im Geologischen Garten als Zeugnis der erdgeschichtlichen Entwicklung auch lebende Fossilien: Urwelt-Mammutbäume säumen die Wege der Parkanlage und begleiten die anschauliche Zeitreise als stumme Zeugen.

Adresse Am Dornbusch, 44803 Bochum-Wiemelshausen | **ÖPNV** Straßenbahn 302, 310, Haltestelle Freigrafendamm; Bus 349, Haltestelle ARAL-Forschung | **Pkw** A 40, Ausfahrt Bochum-Stahlhausen/Weitmar, auf Bochumer Ring Richtung Hattingen, nach circa 6 Kilometern Ausfahrt Richtung Bochum-Steinkuhl, Auf der Heide circa 800 Meter folgen, dann rechts auf Wasserstraße, 1. links in Am Hülsenbusch, geradeaus bis Am Dornbusch | **Tipp** Fußläufig zu erreichen ist die Straße Glockengarten. Hier findet sich mit der Johanneskirche von 1968 der einzige Sakralbau des Berliner Architekten Hans Scharoun. Als bedeutender Vertreter der organischen Architektur sind seine Bauten einzigartige Kunstwerke.

14 Die Alte Kirche Bönen
Agatha von Catania und die Verteidigungswarte

Boinen. Das ist der ursprüngliche Name der Gemeinde Bönen. Boinen bedeutet so viel wie Anhöhe. Und tatsächlich steht die Alte Kirche leicht erhöht auf einem Hügel. Dass man sie darauf erbaute, liegt an der militärischen Vergangenheit des Gotteshauses. Denn der fast 1.000 Jahre alte Kirchturm diente den Rittern von Boinen im Mittelalter als Wehrturm. Der Grafschaft Mark zugehörig, war die Kirche auf der Anhöhe eine strategisch wichtige Verteidigungswarte an der Grenze zum Herzogtum Westfalen.

Erstmalig Erwähnung fand die Kirche 1032 in einer Schenkungsurkunde. Und noch heute ist der Kirchturm aus dem 11. Jahrhundert das älteste Baudenkmal Bönens. Die Alte Kirche selbst ist jedoch circa 800 Jahre jünger. Nachdem der Vorgängerbau wegen Baufälligkeit 1836 abgerissen wurde, setzte man nach Entwürfen des Architekten Friedrich Wilhelm Buchholz ein klassizistisches Kirchenschiff an den gotischen Turm. 1904 wurden die sehenswerten Wandmalereien im Innenraum erneuert.

Gewidmet wurde die Kirche der heiligen Agatha von Catania. Die sizilianische Märtyrerin starb im Jahr 250 durch Folter. Zuvor hatte sie den Heiratsantrag des Statthalters von Catania abgewiesen. Dieser ließ ihr zur Strafe zunächst die Brüste abschneiden. Ihr Todesurteil besiegelte er dann, indem er sie auf ein Lager glühender Kohlen bettete. Heute gilt Agatha von Catania als Schutzheilige der Feuerwehren und als Helferin bei Brusterkrankungen. Übrigens: Am anderen Ende des Ruhrgebiets, im Kloster Kamp im westlichen Kamp-Lintfort, findet sich die größte noch erhaltene Knochenreliquie der Märtyrerin – ihre Schädeldecke.

Mit einer ähnlich wertvollen Reliquie kann die Alte Kirche in Bönen zwar nicht aufwarten. Dafür entdeckte man bei ihrem Neubau 1846 zwei Holzsärge aus dem Jahr 900. Zudem überzeugt die Kirche heute noch mit ihrer auf die Pforte zulaufenden Promenade und dem idyllischen Kirchplatz.

Adresse Kirchplatz, 59199 Bönen-Mitte | **ÖPNV** Bus CE 91, Haltestelle Bockeldamm, circa 5 Minuten Fußweg | **Pkw** A 2, Ausfahrt Bönen, Richtung Pelkum fahren, nach zwei Kreisverkehren und circa 2,7 Kilometern rechts in die Rhynerner Straße, dann links auf Kirchplatz | **Öffnungszeiten** während der Messen | **Tipp** Ist man schon einmal in Bönen, sollte man sich den Förderturm der Zeche Königsborn anschauen. Seine Lichtinstallation markiert als »Ostpol« des zweigeteilten Kunstwerks »Yellow Marker« den östlichen Rand des Ruhrgebiets. Das Gegenstück »Westpol« findet sich wieder mal in Kamp-Lintfort, an der Zeche Rossenray.

15 Der BernePark

In die Röhre gucken ... und dort schlafen

Die Berne ist ein linker Nebenfluss der Emscher. Sie entspringt südlich der Essener Innenstadt und diente, wie die Emscher auch, der Schmutzwasserentsorgung. Kein Wunder also, dass sich an ihrer Mündung ein Klärwerk befindet. Wenn auch zur Reinigung der Emscher gedacht, bestand es seit 1952 und war eines der modernsten der damaligen Zeit. 1997 wurde es aufgegeben, da aus Platzmangel keine technologische Weiterentwicklung möglich war. 2008 stellte man die Anlage unter Denkmalschutz, 2010 baute man sie zum heutigen BernePark um.

Die zwei Klärbecken mit einem Durchmesser von jeweils 73 Metern bilden nun zusammen mit dem alten Betriebsgebäude den Mittelpunkt der Grünanlage. Die beiden Umwälzrechen der Klärbecken, die sich einst um die großen Wannen drehten, sind zu begehbaren Plattformen geworden. Von der ersten blickt man in ein als Fischteich umgenutztes Wasserbassin hinein. Das zweite Klärbecken wurde entwässert und zu einem Staudengarten umgebaut. Das restliche Gelände wurde begrünt, und in dem alten Maschinenhaus befindet sich nun unter anderem eine Gastronomie.

Erholungssuchenden und Kurzurlaubern bietet der BernePark jedoch noch ein ganz besonderes Highlight. Fünf oberhalb des Staudengartens platzierte Betonröhren fungieren als skurrile Übernachtungsmöglichkeiten. Jedes der circa elf Tonnen schweren und drei Meter langen Kanalrohre ist mit einem Doppelbett und einem Nachttisch mit Lampe ausgestattet. Ein Bullauge in der runden Decke der 2,40 Meter hohen Rohre bietet Ausblicke auf den Sternenhimmel.

Unmittelbar an der Emscher gelegen, ist der BernePark mit den Radwegen entlang des Flusses verbunden. So ergeben sich von dem sogenannten Parkhotel diverse Ausflugsmöglichkeiten. Doch darf man maximal drei Tage in den etwas anderen Hotelzimmern hausen, um die Gegend zu erkunden. Gezahlt wird dabei nur so viel, wie man es für angemessen hält.

Adresse Ebelstraße 25a, 46242 Bottrop-Ebel | **ÖPNV** Schnellbus 16, Haltestelle Ebel | **Pkw** A 42, Ausfahrt Bottrop-Süd, Richtung Essen, dann links in die Oskarstraße, nach circa 200 Metern geradeaus weiter auf Ebelstraße | **Tipp** Die Berne wird auf Essener Stadtgebiet derzeit renaturiert. Einmal den Rhein-Herne-Kanal via Brücke an der Borbecker Straße überwunden, lässt sich per Rad an ihr fast bis in die Essener Innenstadt fahren.

BOTTROP-GRAFENWALD

16 Der Haldenkreuzweg
Kirche und Bergbau gehen einen Weg

Will man Gott nahe sein, besucht man eine Kirche. Im Ruhrgebiet kann zudem eine Halde bestiegen werden, um dem christlichen Glauben nachzugehen – nämlich die Halde Haniel. 1995 installierte man auf ihr einen Kreuzweg. Beginnend am Fuß der Halde, wird in 15 Etappen der Leidensweg Jesu dargestellt. Das Besondere dabei: Die einzelnen Stationen werden durch Bergbauexponate ergänzt, wodurch ein metaphorischer Bezug zum Zechenleben hergestellt wird. Beispielsweise ist neben der zweiten Station »Jesus nimmt sein Kreuz auf sich« ein Bergekasten installiert. Die Holzkonstruktion zur Abstützung der Stollendecke überträgt den mit der Station gewachsenen Leitgedanken »Trage die Last des anderen« künstlerisch in die Welt des Bergbaus. Oder Station elf. Hier findet sich eine Schrämwalze, die sich mit ihren spitzen Nägeln unter Tage ins Gestein frisst. Zusammen mit ihrem Gegensatz, der Station »Jesus wird ans Kreuz genagelt«, zeigt sie, dass Dinge, wie hier Nägel, sowohl für Gutes als auch für Schlechtes stehen können. So ist jede Leidensstation mit einem Bergbaurelikt ausgestattet. Vom kleinen Presslufthammer bis zum großen Förderkorb.

Alles fing 1987 mit einem Kreuz aus Spurlatten auf dem Vorplatz der Zeche Prosper-Haniel an. Dieses errichtete man zu Ehren des Papstbesuches und versetzte es schließlich als Landmarke auf die Halde. Die Idee, das Kreuz durch einen Kreuzweg zu erschließen, folgte, und so beauftragte man die Künstlerin Tisa von der Schulenburg, 15 Kupferstiche zu fertigen, die als Wegstationen dienen sollten.

Nun führt jedes Jahr eine große Karfreitagsprozession an den Skulpturen vorbei über den Kreuzweg und hinauf auf das Gipfelplateau der fast 160 Meter hohen Halde. Dort bietet die Halde auch Nichtreligiöses. Ein Amphitheater für Freilichtveranstaltungen ist im Boden der Kuppe eingelassen und wird von der archaischen Installation »Totems« umrahmt.

Adresse Fernewaldstraße, 46242 Bottrop-Grafenwald | **ÖPNV** Bus 962, Haltestelle Oberhausen Kleekamp / Fernewaldstraße | **Pkw** Anfahrt über Birkhahnstraße, 46145 Oberhausen: A 2, Ausfahrt Oberhausen-Königshardt, Richtung Sterkrade, 1. links in Kleekampstraße, dann links in Birkhahnstraße, dort den Wanderparkplatz nutzen, direkt hinterm Schlagbaum beginnt der Kreuzweg | **Tipp** Einen weiteren aus sieben Stationen bestehenden Haldenkreuzweg findet man auf der Halde Brockenscheidt in Waltrop.

BOTTROP-INNENSTADT

17 _ Das Glockenspiel
Ein Juwelier mit Glockengießerwurzeln

Über 100 Jahre besteht nun schon der Juwelier und Uhrmacher Triffterer auf der Bottroper Einkaufsmeile Hansastraße. Er ist damit das letzte noch erhaltene Traditionsunternehmen der Innenstadt. Schon seit 1912 sitzt das Unternehmen gegenüber dem Pferdemarkt und weiß auf sich aufmerksam zu machen – mit dem Bottroper Glockenspiel. Dieses hängt an der Außenfassade und spielt werktags um 10, 11, 12, 16, 17 und 18 Uhr. Dabei besteht es aus 25 Glocken mit einem Gesamtgewicht von circa 1.100 Kilogramm. Gegossen wurden sie in den Niederlanden von einer Spezialfirma.

Das Glockenspiel umfasst genau zwei chromatische Tonleitern. Da es dadurch alle zwölf Halbtöne einer Tonleiter abdeckt, kann fast jede beliebige Melodie gespielt werden. Geboten werden von weihnachtlichen bis volkstümlichen Klängen diverse saisonal passende Lieder. Entweder können sie über eine Orgel per Hand oder mit Lochkarten eingespielt werden.

Neben den musikalischen Darbietungen wird zudem per Glockenschlag jede viertel, halbe, dreiviertel und volle Stunde angekündigt. Ein Uhrenensemble gibt zu jedem Schlag die Uhrzeit fünf verschiedener Weltzeitzonen an. Die große Uhr mit mitteleuropäischer Zeit hängt dabei mittig über dem Glockenspiel. Die vier kleineren schmiegen sich zwischen die sechs Glockenreihen, die nebeneinander an der Fassade hängen. Lediglich die dickste, 115 Kilogramm schwere Glocke pendelt allein unterhalb der großen Uhr, wobei sie von einer Bergmannsfigur bekrönt wird. Die Skulptur wurde 1982 nachträglich angebracht, um Bezug auf die Bergbaugeschichte der Stadt zu nehmen.

Die Glockenanlage selbst wurde nach sechsjähriger Planung bereits 1963 der Bevölkerung vorgestellt und hat sich in über 50 Jahren zum Wahrzeichen der Stadt entwickelt. Mit ihr erinnert der Juwelier durch sein Glockenspiel an die Familienchronik – denn seine Vorfahren waren einst Glockengießer.

Adresse Hansastraße 10, 46236 Bottrop-Innenstadt | **ÖPNV** Bus 186, 251, 979, Haltestelle Pferdemarkt | **Pkw** A 42, Ausfahrt Bottrop-Süd, Richtung Bottrop, nach circa 1,5 Kilometern links auf Prosperstraße, nach 900 Metern rechts in Osterfelder Straße, Beschilderung Innenstadtparkplätze folgen, die Hansastraße ist Teil der Fußgängerzone | **Tipp** Bottrop besitzt mit dem Bergwerk Prosper-Haniel eine der wenigen noch fördernden Zechen im Ruhrgebiet. Am Schacht Prosper II auf der Prosperstraße befindet sich einer der ungewöhnlichsten Fördertürme – ein in einen Malakowturm gesetztes Stahlgerüst. Sehenswert sind auch die gegenüberliegenden Halden. Auf der Halde Prosperstraße liegt das Alpincenter und auf der Halde Beckstraße ein weiteres Wahrzeichen der Stadt – das Tetraeder.

CASTROP-RAUXEL-HENRICHENBURG

18 Der Emscherdurchlass
Wenn zwei Wasserstraßen sich kreuzen

Der Rhein-Herne-Kanal begann ursprünglich, seinem Namen getreu, in Herne. Als die Wasserstraße ab 1906 umgesetzt wurde, bestand bereits ein Stichkanal, der fortan das Gewässer mit dem Dortmund-Ems-Kanal und dem Schleusenpark in Henrichenburg verband. Seit 1950 wird dieser Stichkanal, auch wenn er in Waltrop beginnt, mit zum Rhein-Herne-Kanal gezählt. Da er dort nördlich der Emscher liegt, am Duisburger Innenhafen jedoch südlich des Flusses in den Rhein mündet, müssen sich beide Gewässer zwangsläufig kreuzen.

Schon beim Bau des Stichkanals Ende des 19. Jahrhunderts führte man daher die Emscher in Castrop-Rauxel durch einen Düker unter dem künstlichen Wasserbett hindurch. Ein Düker ist ein Bauwerk, das Gewässerkreuzungen zulässt, indem ein Gewässer unter dem anderen hindurchtaucht. Doch der Emscherdüker samt Rhein-Herne-Kanal wurde während der Ruhrbesetzung 1923 gesprengt. So errichtete man dort 1929 einen moderneren Durchlass. Da die Emscher nicht mehr auf Tauchgang ging, sondern der Kanal über eine Brücke den Fluss querte, war die Wasserpassage zwar kein klassischer Düker mehr – der Begriff Emscherdüker hatte sich jedoch schon eingebürgert und wird noch heute genutzt.

2008 baute man einen neuen Emscherdurchlass und schlug gleich drei Fliegen mit einer Klappe. Erstens war der alte Durchlass nach fast 80-jährigem Bestehen marode, zweitens sollte der Rhein-Herne-Kanal verbreitert werden, und drittens konnte man der Emscher im Rahmen ihrer großflächigen Renaturierung ein naturnahes Bett gestalten. Seit 2012 ist der neue Durchlass circa 200 Meter nördlich des alten fertig. Dafür verlegte man auch die Emscher entsprechend. Einen Teil ihres alten Flussbetts ließ man jedoch als kleines Gewässer stehen, welches nun von Regen- und Grundwasser gespeist wird. Über Fuß- und Radwege entlang Emscher und Kanal lässt sich der voluminöse Durchlass nun erschließen.

Adresse Industriestraße 45, 44577 Castrop-Rauxel-Henrichenburg | **ÖPNV** Bus 233, Haltestelle Wartburg | **Pkw** A 2, Ausfahrt Henrichenburg, Richtung Castrop-Rauxel, links auf Hebewerkstraße, dann rechts auf Freiheitstraße, links auf Wartburgstraße, dort parken, circa 5 Minuten Fußweg entlang der Emscher | **Tipp** Circa vier Kilometer westlich, schon auf Recklinghäuser Boden, liegt das Naturfreibad Suderwich. Der kleine See wird von Grundwasser gespeist (Am Freibad 20, 45665 Recklinghausen).

19_Die Henrichenburg
Eine Festung für das Waisenhaus

Bei dem Namen Henrichenburg denkt man an das Waltroper Schiffshebewerk oder an den Castrop-Rauxeler Stadtteil. Aber an eine Festung? Wohl kaum.

Dass man die Henrichenburg nicht kennt, liegt vielleicht daran, dass sie bereits 1787 geschleift wurde. Gelegen am südlichen Rand des Vestes Recklinghausen, bildete sie ab 1263 eine wichtige Grenzfeste zur Grafschaft Mark. Durch verschiedene Heiraten und Erbschaften gelangte die Burg im 18. Jahrhundert schließlich in den Besitz des Freiherrn von Boenen. Da ihm das liebe Geld wichtiger war, verkaufte er 1775 die Henrichenburg für 108.000 Taler an die Essener Äbtissin Franziska Christine von Pfalz-Sulzbach. Diese hatte zuvor eine Stiftung gegründet, aus der ein Waisenhaus hervorging. Mit dem Tod der Äbtissin 1776 ging die Henrichenburg nun in den Besitz des Waisenhauses über. Doch knapp ein Jahrzehnt später wurde die Festung abgetragen und geriet in Vergessenheit.

In den 1990er Jahren verkaufte die Fürstin-Franziska-Christine-Stiftung schließlich das brachliegende Gelände an die Stadt Castrop-Rauxel. Diese wollte hier Wohngebäude errichten. Bei den Aushubarbeiten stieß man auf die Überreste der alten Burg. Es folgte eine archäologische Untersuchung, und das Bauvorhaben wurde aufgegeben. Mittlerweile ist auf dem Gelände unmittelbar östlich des Rhein-Herne-Kanals ein Landschaftsarchäologischer Park entstanden. Von der Henrichenburg selbst ist zwar nichts mehr zu sehen, denn die freigelegten Grundmauern wurden wieder abgedeckt. Jedoch wurde der alte Grundriss durch entsprechende Heckenbepflanzung nachgebildet, sodass sich nun die alte Burg in grünem Gewand entdecken lässt. Granitblöcke deuten zudem die alten Schutzmauern an, und der ehemalige Vorplatz wird durch Pflastersteine markiert. Zu guter Letzt führt nun eine Holzbrücke über eine nicht mehr vorhandene Gräfte. Eine historische Entdeckung der etwas anderen Art.

Adresse Freiheitstraße, Ecke Wartburgstraße, 44581 Castrop-Rauxel-Henrichenburg | **ÖPNV** Bus 481, Haltestelle Schöttelkamp | **Pkw** A 2, Ausfahrt Henrichenburg, Richtung Castrop-Rauxel, links auf Hebewerkstraße, dann rechts auf Freiheitstraße | **Tipp** Entlang des Rhein-Herne-Kanals lässt sich bis zum Schiffshebewerk Henrichenburg in Waltrop wandern. Es liegt ungefähr zwei Kilometer nördlich. Circa 300 Meter gen Süden findet sich der Emscherdurchlass (siehe Seite 44).

20 Das Baumhoroskop
Keltenwurzeln durch Wurzelwerke ehren

Erin. Der Name des Castrop-Rauxeler Bergwerks spielt auf Irland, das Heimatland des Zechengründers William Thomas Mulvany, an. Erin ist eine Göttin, deren gälische Form »Eire« den irischen Landesnamen bildet. Apropos: Gälisch zählt zu den keltischen Sprachen, und auch Dublin, Mulvanys Heimatstadt, ging aus einer keltischen Siedlung hervor. Will man dem irischen Unternehmer also ein Denkmal setzen, sollte man seine keltischen Wurzeln nicht außer Acht lassen.

So geschehen am Schacht 3 der Zeche Erin. Den Hammerkopfturm umgibt ein keltischer Baumkreis. Dieser besteht aus zwei Reihen mit insgesamt 40 Bäumen aus 21 verschiedenen Arten. Dabei steht jeder Baum für mindestens zwei Abschnitte des Jahres und für spezielle Charaktereigenschaften, die jedem Individuum, einem Horoskop ähnlich, zugeordnet werden. Anhand von Schautafeln und Datumssteinen findet auch der keltisch weniger bewanderte Rundgänger den zu seinem Geburtstag passenden Lebensbaum.

Die Idee, das technische Baudenkmal des Hammerkopfturms als Kontrast in einen Naturrahmen zu setzen und dadurch William Thomas Mulvany zu würdigen, entstand im Rahmen der Internationalen Bauausstellung IBA Emscher Park. Eingerichtet wurde das Baumhoroskop 1993. Gleichzeitig wurde der Turm saniert, der nun der älteste noch erhaltene seiner Art und daher kulturgeschichtlich von besonderer Bedeutung ist. Als man 1889 hier den dritten Schacht der Zeche Erin teufte, sollte er zunächst nur zur Bewetterung dienen. Erst als man ihn ab 1904 auch für Förder- und Seilfahrten nutzte, setzte man den Hammerkopfturm auf den Schacht.

Mulvany selbst hat den Schacht 3 samt Fördergerüst nicht mehr erlebt – er starb bereits 1885. Sein Andenken und seine irischen Wurzeln werden hier jedoch würdig gewahrt. Wobei ein keltischer Baumkreis nur ein moderner Mythos ist. Von den Kelten selbst wurde er so nie genutzt.

Adresse Bodelschwingher Straße 3, 44577 Castrop-Rauxel-Schwerin | **ÖPNV** Bus 341, Haltestelle Falkenstraße | **Pkw** A 42, Ausfahrt Castrop-Rauxel, Richtung Obercastrop / Schwerin, nach circa 260 Metern links auf Pallasstraße, nach 400 Metern rechts auf Luisenstraße, nach 450 Metern rechts auf Mittelstraße, dann links, um auf Mittelstraße zu bleiben, nach circa 450 Metern weiter geradeaus auf Bodelschwingher Straße | **Tipp** Circa einen Kilometer südlich an der Bodelschwingher Straße befindet sich die Halde Schwerin. Sie ist die höchste Erhebung Castrop-Rauxels. Auf ihr findet sich eine überdimensionierte Sonnenuhr mit einem zur Erdachse parallelen Polstab.

DATTELN-MECKINGHOVEN

21 — Die Libeskind-Villa
Kristalline Architektur aus Zink

Der Stararchitekt Daniel Libeskind ist bekannt für seine schrägen Ideen. Betrachtet man beispielsweise sein Jüdisches Museum in Berlin, erkennt man, dass der Grundriss dem Verlauf eines Blitzes folgt. Schräg auch seine Idee bei der Errichtung der Libeskind-Villa in Datteln. Getreu dem von ihm geprägten Stil des Dekonstruktivismus ist eine geradlinige Formgebung auch hier nicht zu finden. Das als Empfangsgebäude dienende Haus wirkt durch seine vielzähligen Winkel wie eine kristalline Struktur. Dabei besteht das sehenswerte Bauwerk zunächst aus einem Holzrahmen, der großflächig mit einer Zinkverkleidung versehen wurde.

Zink ist ein wichtiges bauliches Element für den New Yorker Architekten und fand auch schon in der Fassade des Berliner Museums Verwendung. Als Großkonsument des chemischen Elements war Libeskind schon länger persönlich mit den hiesigen Rheinzink-Werken verbunden. Also lag es nahe, dass er auch den Dattelner Industriebetrieb mit seiner Architektur bereicherte. Bei seiner Libeskind-Villa von 2010 handelte es sich sowohl um eine Premiere als auch um einen Prototypen.

Eine Premiere, da Libeskind sonst nur Großprojekte verwirklichte und nun zum ersten Mal ein Wohngebäude entwarf. Ein Prototyp, da es das erste von 30 baugleichen Wohnhäusern ist, welche Libeskind auf der ganzen Welt verteilen will. Zwar wird die Libeskind-Villa hier nicht als solche genutzt, sondern eben als Empfangsgebäude der Rheinzink-Werke, doch ist sie dennoch mit allen technischen Raffinessen versehen worden. So befindet sich unter der Zinkfassade eine Solarthermieanlage, die zusammen mit einem Erdwärmeabsorber die Energiebilanz des Hauses optimiert. Zudem wird auch das Regenwasser gesammelt und der Villa als Brauchwasser zugeführt. Die technischen Erfahrungen des Prototyps werden protokolliert, und die Ergebnisse sollen in die Umsetzung der anderen 29 Libeskind-Villen einfließen.

Adresse Bahnhofstraße 90, 45711 Datteln-Meckinghoven | **ÖPNV** Bus 231, Haltestelle Neuer Weg | **Pkw** A 2, Ausfahrt Henrichenburg, auf Hebewerkstraße Richtung Datteln, nach circa 2,7 Kilometern links auf Bahnhofstraße, dann 2. links auf Parkplatz | **Tipp** Die Freiheit Horneburg (siehe »111 Orte im Ruhrgebiet, die man gesehen haben muss«, Band 1, Ort 23) liegt nur einige Autominuten entfernt. Der geschichtsträchtige Ort mit seinen alten Häusern und dem Schloss lädt zum Verweilen ein.

DINSLAKEN-INNENSTADT

22 — Die Wöllepump

Von Pumpennachbarschaften und der Pumpenmarie

In Dinslaken hatte sich seit Verleihung des Marktrechts im 15. Jahrhundert ein bedeutender Viehmarkt entwickelt. Da das vierbeinige Handelsgut jedoch mit seinen Fäkalien die zahlreichen Bäche verschmutzte, griffen die Bewohner zur Trinkwasserversorgung auf das Grundwasser zurück. Noch bis ins frühe 20. Jahrhundert nutzte die Stadt daher Grundwasserpumpen.

Die Wasserspender wurden von sogenannten Pumpennachbarschaften betreut, die für die Instandhaltung der Pumpe und die Trink- und Löschwasserversorgung verantwortlich waren. Sie bestanden aus den unmittelbaren Bewohnern rund um die Wasserstelle. 1904 erhielt Dinslaken zwar eine Wasserleitung, doch die aus den Pumpennachbarschaften gewachsenen Gemeinschaften bestehen noch bis heute.

Zwölf solcher Vereinigungen gibt es in Dinslaken – eine ist die Wöllepump-Nachbarschaft. Sie betreute den auch als Adlerpumpe bekannten gleichnamigen Wasserspender in direkter Nähe zur Altstadt. Sein Wasser galt als das beste der Stadt und wurde noch bis in die 1980er von einer 60 Wohnhäuser großen Nachbarschaft betreut. Mittlerweile dient die kleine Pumpe als Erinnerung an alte Zeiten. Auch an die der Pumpenmarie. Es heißt, die junge Dame der Wöllepump-Nachbarschaft habe den französischen Truppen während der Befreiungskriege gegen Napoleon 1813 derart den Kopf verdreht, dass die feindlichen Soldaten von einer Plünderung der Stadt absahen. Zum Dank für ihre altruistische Großtat baute man ihr auf dem Dinslakener Marktplatz den Pumpenmarie-Brunnen. Er ist gespickt mit Szenen der hiesigen Pumpennachbarschaften und liegt nur circa 150 Meter von der Wöllepump entfernt. Die Wöllepump ist mittlerweile ein Symbol der Dinslakener Stadtgeschichte, von der aus sich die historische Altstadt samt Burganlage fußläufig erreichen lässt.

Die Pumpennachbarschaften feiern übrigens noch immer jeden Rosenmontag ihre traditionsreiche Vereinigung.

Adresse Brückstraße, Ecke Elmar-Sierp-Platz, 46535 Dinslaken-Innenstadt | **ÖPNV** Bus 25, Haltestelle Dinslaken Rathaus | **Pkw** A 59 Richtung Dinslaken bis Ende der Autobahn, rechts auf Friedrich-Ebert-Straße Richtung Wesel / Dinslaken, nach 900 Metern rechts auf Duisburger Straße bis zum Kreisverkehr | **Tipp** Nördlich des Altmarkts, auf dem der Pumpenmarie-Brunnen steht, liegt fußläufig die Burg Dinslaken. Hier ist auch die Freilichtbühne des Burgtheaters.

23 — Die Tüshaus-Mühle
Dreifacher Nutzen in der Üfter Mark

Mühlen erfüllen verschiedene Zwecke. Es gibt Mühlen zum Mahlen von Korn, Mühlen zum Walken von Wolle oder Mühlen zum Extrahieren von Ölen. Und es gibt die Tüshaus-Mühle; sie einte alle drei Fabrikationen unter einem Dach.

Doch zunächst war die Tüshaus-Mühle ab 1615 eine reine Walkmühle für Schafswolle. 1752 stockte der Müller Joan-Heinrich Tüshaus die Mühle um ein weiteres Mühlrad auf und nutzte sie zusätzlich als Ölmühle. Seitdem befindet sich die Mühle im Besitz der Familie Tüshaus. Diese baute 1890 das Dachgeschoss weiter aus und installierte eine Kornmühle mit doppeltem Mahlgang. Dabei wurde die Technik auf den neuesten Stand gebracht und das Wasserrad durch eine leistungsfähige Wasserturbine ersetzt. Nachdem das Walken bereits Ende des 19. Jahrhunderts und das Ölpressen 1948 eingestellt wurde, lief der Mahlbetrieb noch bis 1970.

Schließlich wurde die Tüshaus-Mühle 1986 zu einem Technischen Kulturdenkmal erklärt und in den Folgejahren saniert. Nun zählt sie zu den besterhaltenen und dabei noch nahezu vollständig funktionsfähigen Wassermühlen Nordrhein-Westfalens. Ihre arbeitsreichen Tage sind zwar gezählt, so ganz zur Ruhe kommen die alten Mahlwerke jedoch nicht. Vor allem beim alle zwei Jahre stattfindenden Mühlenfest und beim jährlichen »Tag des offenen Denkmals« wird die Funktionalität der alten Turbine der Nachwelt vorgeführt. Doch auch ohne den Demonstrationsbetrieb bietet die Mühle spannende Einblicke. Sei es der Kornaufzug aus dem Jahr 1800, die alte Getreidewaage oder der Elektrogenerator von 1908 – das Müllerhandwerk wird hier in all seinem Facettenreichtum präsentiert.

Vor der Mühle steht ein circa 200 Jahre altes Backhaus, in welchem an Veranstaltungstagen frisches Brot gebacken wird. Frisch gestärkt lässt sich neben der Mühle auch das weitläufige Waldgebiet der Üfter Mark, an dessen Rande die Tüshaus-Mühle steht, erforschen.

Adresse Weseler Straße 433, 46286 Dorsten-Deuten | **ÖPNV** Bus 295, Haltestelle Birkenallee, dann circa 15 Minuten Fußweg | **Pkw** A 31, Ausfahrt Schermbeck, auf die Weseler Straße Richtung Wulfen, Haltern biegen, nach circa 2 Kilometern links den Wanderparkplatz »Zum Vorwerk« nutzen | **Öffnungszeiten** Ende April–Anfang Okt. jeweils am ersten und letzten Wochenende im Monat, Sa 11–17 Uhr, So 14–17 Uhr | **Tipp** Auf der Wulfener Straße, nur ein paar Autominuten entfernt, findet sich das imposante Wasserschloss Lembeck mit seiner weiträumigen Parkanlage und dem Heimatmuseum.

DORSTEN-FELDMARK

24__ Der Currywurst-Drive-in
Die Pommes-Tanke für »Pommes Schranke«

Currywurst – der Inbegriff der Ruhrgebietskost. Dazu eine »Pommes Schranke«, also Pommes frites mit Mayo und Ketchup, und das Festessen ist komplett. Klischeehaft? Na klar. Aber dennoch lecker. Die Currywurst, die schon 1982 von Herbert Grönemeyer besungen wurde, gibt es nun nicht nur zum Mitnehmen »auffe Hand«. Seit 2011 kann man sich im Currywurst-Drive-in sein Lieblingsgericht auch direkt ins Auto reichen lassen. Um das Stereotyp weiter zu bedienen, bietet sich dafür als passender fahrbarer Untersatz sicherlich ein Opel Manta an; doch das Drive-in serviert auch an alle normal Motorisierten.

Dabei wird auch auf Qualität geachtet. Die Fritten werden eigenhändig aus Kartoffeln geschnitzt, und die Wurst kommt ohne künstliche Inhalts- und Konservierungsstoffe daher. Doch schon allein durch die Kulisse unterscheidet sich die Curry Station 52, so ihr offizieller Name, von einer normalen Pommesbude. Denn untergebracht ist sie in einem alten Tankwärterhäuschen. Das nostalgische Gebäude stammt aus den 1950er Jahren – seine pilzartige Bauweise mit dem ovalen Pavillongrundriss und dem ausladenden Flachdach ist jedoch den Tankstellen der 1920er und 1930er Jahre nachempfunden worden. Daher stellte die Stadt Dorsten das Gebäude 1996 unter Denkmalschutz. Mit weniger als elf Quadratmetern Grundfläche ist das Tankwärterhäuschen nun das kleinste begehbare Denkmal der Stadt, zudem ihr jüngstes.

Doch bis man eine Umnutzung für das Gebäude fand, dauerte es einige Jahre. Erst der Starkoch Björn Freitag, bekannt aus Fernsehsendungen und als Koch des FC Schalke 04, fand mit der Idee, ein Currywurst-Drive-in einzurichten, Anklang bei den Stadtoberen. Von ihm stammen auch die hier kredenzten Currysoßen – für Experimentierfreudige sogar eine Trüffelmayonnaise. Und für alle, die bei all dem Drive-in ihr Auto vergessen, finden sich Stehtische auf dem alten Tankstellengelände.

Adresse Bochumer Straße 52, 46282 Dorsten-Feldmark | **ÖPNV** Schnellbus 28, Haltestelle Lindenfelder Straße | **Pkw** A 52, Ausfahrt Gelsenkirchen-Hassel, Richtung Dorsten auf die Ulfkotter Straße, circa 7 Kilometer geradeaus | **Öffnungszeiten** Mo–Sa 11–21 Uhr, So 13–20 Uhr | **Tipp** Nur wenige Gehminuten entfernt liegt direkt am Wesel-Datteln-Kanal der Flugplatz des Dorstener Luftsportvereins. Dort starten Ballons, Segelflieger und einmotorige Propellermaschinen.

DORSTEN-INNENSTADT

25 Das Jüdische Museum Westfalen

Bottroper Bücherfund in moderner Architektur

Leo von Münster und Jakob Loewenberg. Dies sind nur zwei von 14 ehemaligen westfälischen Mitbürgern, die repräsentativ für die jüdische Geschichte der Region stehen. Anhand der 14 Lebensläufe, die einen Zeitraum von 700 Jahren abdecken, wird im Jüdischen Museum Westfalen ein authentisches Bild des hiesigen Judentums gezeichnet. Die einzelnen Lebenswege werden durch zahlreiche Ausstellungsstücke wie Urkunden und persönliche Gegenstände begleitet und so die hiesige jüdische Kultur dem Museumsbesucher nahegebracht.

Neben der jüdischen Regionalkunde widmet sich ein anderer Bereich des Museums dem jüdischen Brauchtum. Von den Hochfesten wie Jom Kippur und Chanukka, die jedes Jahr gefeiert werden, bis zu den Zeremonien wie der Brit Mila und der Bar-Mizwa, die jeder Gläubige im Laufe seines Lebens durchläuft – hier werden alle traditionellen Riten aufbereitet und mit Exponaten wie Gebetsmänteln, Talmudbänden und Leuchtern ergänzt. Auch der Antisemitismus wird im Jüdischen Museum Westfalen thematisiert. Im entsprechenden Ausstellungsbereich findet sich eine Truhe aus dem Jahr 1942. Sie wurde 1989 auf einem Bottroper Dachboden gefunden und enthält jüdische Schriften und Bücher, die man vor dem nationalsozialistischen Regime versteckt hatte.

Das Museumsprogramm wird durch eine umfangreiche Bibliothek komplettiert, und im benachbarten Jugendstilgebäude finden Wechselausstellungen statt. In dem alten Gemäuer war das Jüdische Museum ursprünglich untergebracht, bis es 2001 durch moderne Architektur ergänzt wurde. Der Architekt Detlef Wiegand ließ den wie mehrere verschachtelte Kuben wirkenden Neubau durch eine Ziegelfassade im Stil des Backsteinexpressionismus erscheinen. Im Hinterhof findet sich ein kleiner Skulpturengarten, in dem auch ein Holocaust-Gedenkstein liegt.

Adresse Julius-Ambrunn-Straße 1, 46282 Dorsten-Innenstadt, www.jmw-dorsten.de |
ÖPNV diverse Busse und Bahnen bis Bahnhof oder Busbahnhof Dorsten, circa fünf Minuten Fußweg | **Pkw** A 52, Ausfahrt Gelsenkirchen-Hassel, Richtung Dorsten auf die Ulfkotter Straße, nach circa 8 Kilometern Beschilderung Zentrum / Busbahnhof folgen, kostenlose Parkplätze am Busbahnhof, das Museum ist nur wenige Fußminuten entfernt |
Öffnungszeiten Di–Fr 10–12.30 Uhr und 15–18 Uhr, Sa, So und Feiertage 14–17 Uhr |
Tipp Direkt in der Innenstadt gelegen, erschließt sich vom Museum aus die Dorstener Altstadt. Obwohl Dorsten starke Kriegsschäden erlitt, sind die ehemalige Stadtwaage und ein alter Wehrturm noch gut erhalten.

DORTMUND-APLERBECK

26 Das Magnetmuseum
Anziehungspunkt – auch geografisch gesehen

Die Erde ist ein Magnet. Zumindest wird sie von einem Magnetfeld umspannt, das sich am Nord- und Südpol ausrichtet. Unweit des geografischen Mittelpunkts Nordrhein-Westfalens befindet sich im Herzen des Ruhrgebiets ebenfalls ein Ort mit hoher Anziehungskraft – das Magnetmuseum. Hier wird vor allem die Geschichte der industriellen Magnetherstellung anschaulich aufbereitet.

Präsentiert wird die Ausstellung von einem Betrieb, der sich mit Magneten auskennt – der TRIDELTA GmbH, Deutschlands führendem Magnethersteller. Seit Ende des Ersten Weltkriegs legte der Spezialbetrieb sein Augenmerk auf die Fertigung der anziehenden Materialien. Da der Bedarf an Magneten weiter stieg, expandierte das Werk und konnte 1940 sein neues Fabrikgebäude beziehen, in dem es unter anderem noch heute sitzt.

1999 richtete das Traditionsnternehmen das erste Magnetmuseum Deutschlands auf seinem Werksgelände ein. Schwerpunkt der Sammlung ist die Geschichte der firmeneigenen Magnetentwicklung. Hierbei wird beispielsweise veranschaulicht, welchen Wandel die Herstellung von Dauermagneten vollzog – von den Anfängen mit gehärtetem Stahl bis hin zur Nutzung von Spezialstoffen wie Ferriten. Durch diese Spezialstoffe ließen sich immer höhere Energiedichten erreichen, wodurch immer kleinere Magnete gefertigt werden konnten.

Zahlreiche Exponate veranschaulichen sowohl die historischen als auch die aktuellen Anwendungsgebiete von Magneten. An verschiedenen Stationen kann die Faszination des Magnetismus durch einfache Experimente erforscht und sein physikalischer Zusammenhang begriffen werden. Durch die Anschauungsobjekte wird die Präsenz von Magneten im Alltag und in verschiedensten Lebensbereichen deutlich. Ob Einzelmagnete in Lautsprechern, Motoren oder Telefonen oder komplexe Magnetsysteme wie beispielsweise eine Hysteresebremse – ausgestellt ist eben alles, was Anziehungskraft besitzt.

Adresse Ostkirchstraße 177, 44287 Dortmund-Aplerbeck | **ÖPNV** Straßenbahn 47, Haltestelle Aplerbeck; Bus 420, Haltestelle Sterie; Bahn RB 59, Haltestelle Aplerbeck, und RB 53, Haltestelle Aplerbeck-Süd | **Pkw** von B 1 auf B 236 Richtung Dortmund-Hörde / Berghofen / Aplerbeck, nach circa 1,2 Kilometern rechts auf die Schüruferstraße, nach circa 800 Metern auf die Erlenbachstraße, dann links in die Ostkirchstraße | **Öffnungszeiten** Di 11 – 15 Uhr, Do 11 – 18 Uhr, Gruppen über zehn Personen nur nach vorheriger Anmeldung unter Tel. 0231 / 4501271 | **Tipp** Das Wasserschloss Haus Rodenberg liegt circa 500 Meter nördlich des Museums. Das beeindruckende Gebäude beheimatet nicht nur die Volkshochschule und eine Gastronomie. Hier ist auch die Märchenbühne mit Puppentheater für Kinder und Erwachsene untergebracht.

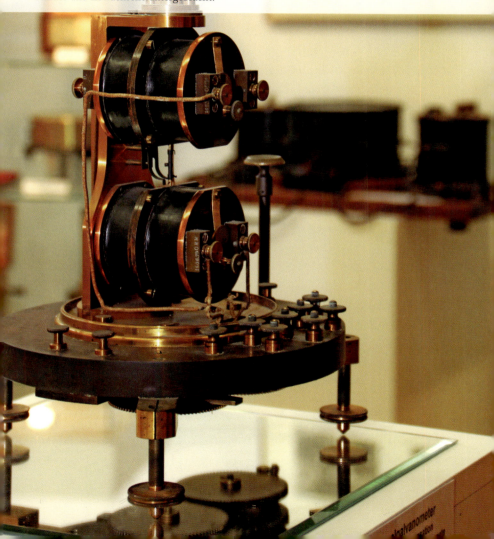

27 Die Roy-Black-Sammlung

Gerhard Höllerich und seine Liebe zu Dortmund

Jeder zieht sich gern mal zurück. Schlagersänger Roy Black wählte als Ort der Ruhe und Entspannung die Dachgeschosswohnung eines befreundeten Ehepaars im Dortmunder Süden. Hier fand er nach Tourneen und stressigen Fernsehaufzeichnungen sein persönliches Refugium. 20 Jahre lang zog es ihn immer wieder zu Familie Tiemann; der Schlagersänger selbst betrachtete die Wohnung hier als seine »zweite Heimat«.

Nach seinem plötzlichen Tod am 9. Oktober 1991 richtete Familie Tiemann in seinen alten Räumlichkeiten eine Roy-Black-Sammlung ein. Noch heute steht das Originalmobiliar in der Wohnung, und Roy Blacks private Sachen gewähren einen ganz persönlichen Einblick in das Leben des Gerhard Höllerich, wie Roy Black mit bürgerlichem Namen hieß. Mit »Ganz in Weiß« gelang ihm 1966 sein großer Durchbruch, und er avancierte zum beliebtesten deutschen Schlagersänger. Doch hatte er auch Kritiker. Seine Lieder waren in den Medien so präsent, dass der damalige ORF-Generalintendant Gerd Bacher im Juli 1968 den sogenannten Schnulzenerlass verkündete und Schlagermusik im Österreichischen Rundfunk verbot. Dem Erfolg Roy Blacks tat dies keinen Abbruch. Er tourte weiter erfolgreich durch die deutschsprachigen Länder und lernte schließlich 1971 in Köln die Eheleute Tiemann kennen.

Diese wahren nun sein Andenken und halten es mit einer umfangreichen Sammlung aufrecht. Von Devotionalien und Zeitungsberichten über Plakate und Fotografien bis hin zu seinen Auszeichnungen wie dem »Silbernen Löwen«, seinen Platten und privaten Andenken – hier wurde alles rund um Roy Black zusammengetragen.

Die Räumlichkeiten der Tiemanns werden in Anspielung an Elvis Presleys Pilgerstätte in Memphis auch als Roy Blacks »Graceland von Dortmund« bezeichnet. Zusammen mit seinem Grab im bayerischen Straßberg bilden sie den wichtigsten Ankerpunkt für die noch immer zahlreichen Fans.

Adresse Maulwurfsweg 45, 44267 Dortmund-Berghofer Mark | **ÖPNV** Bus 433, Haltestelle Verbindungsweg, dann circa 10 Minuten Fußweg | **Pkw** A 1, Ausfahrt Schwerte, Richtung Dortmund auf Hörder Straße, nach circa 1,4 Kilometern links auf Bergstraße, rechts auf Hamsterweg, dann rechts auf Maulwurfsweg | **Öffnungszeiten** Mo–Sa nach telefonischer Absprache unter Tel. 0231 / 484046 ab 14 Uhr | **Tipp** An der Bergstraße beginnt der Schwerter Wald. Das Naherholungsgebiet lockt mit zahlreichen Wanderwegen und dem Blauen See. Im Wald steht auch der 158 Meter hohe Schwerter Fernmeldeturm.

28 — Der Rombergpark
Ein Arboretum auf historischem Boden

1994 entdeckte man in einer versteckten Schlucht in Australien eine Pflanze, die man vorher nur als 65 Millionen Jahre altes Fossil kannte – die Wollemia nobilis. Ableger des bis dahin als ausgestorben gegoltenen Baumes waren entsprechend wertvoll. 2005 versteigerte das Auktionshaus Sotheby's 292 Ableger für 1,5 Millionen US-Dollar. Als man 2008 das 50-jährige Bestehen der Pflanzenschauhäuser des Botanischen Gartens im Rombergpark feierte, pflanzte man zum Jubiläum gleich eine ganze Kolonie der kostbaren Bäume. 35 Exemplare der Araukariengewächse gruppierte man zu einem Wollemiawald, der seitdem die Schauhäuser des Rombergparks schmückt.

Und auch generell widmet sich der Rombergpark eher den hölzernen Pflanzen, weswegen er auch als Arboretum, also eine Gehölzsammlung, angesehen wird. Diese wartet nicht nur mit weiteren botanischen Besonderheiten wie chinesischen Taschentuchbäumen auf, sondern auch mit etwas historischer Architektur. Denn der nördliche Bereich des Rombergparks liegt auf dem ehemaligen Gelände des Schlosses Brünninghausen. Der Adelssitz wurde zwar 1945 bei einem Bombenangriff auf das unmittelbar benachbarte Industriegelände der Hoesch AG zerstört. Doch das Torhaus und Fragmente des Eiskellers blieben erhalten. Das Torhaus dient nun als Eingangsportal zum Rombergpark und als städtische Kunstgalerie. Kunstvoll geht es auch durch den Rombergpark. Seit 2004 führt ein Skulpturenpfad durch das circa 65 Hektar große Areal.

Diverse Quellen speisen zudem die den Rombergpark durchfließende Schondelle mit rostrotem, weil eisenhaltigem Wasser. Dabei bildet der Bach einen kleinen See im Park aus. Im Süden befindet sich der Botanische Garten mit seinen Gewächshäusern.

All das, zusammen mit dem alten und exotischen Baumbestand, der auch international als wertvolles Arboretum geschätzt wird, macht den Rombergpark zu einem großflächigen Idyll der Naherholung.

Adresse Am Rombergpark 65, 44225 Dortmund-Brünninghausen | **ÖPNV** U-Bahn U 49, Haltestelle Rombergpark | **Pkw** B 1, Ausfahrt auf B 54 Richtung A 45/A 1/Frankfurt/Köln/Hagen/Hohensyburg, nach circa 1,5 Kilometern Ausfahrt Richtung DO-Hörde/DO-Brünninghausen, rechts auf Am Rombergpark | **Tipp** Südöstlich des Rombergparks schließt sich der Dortmunder Zoo an. Er ist vor allem für seine erfolgreiche Ameisenbärenzucht bekannt.

29_ Die Adler Apotheke
Arzneimittelsammlung und Museum in alter Apotheke

Bier lindert zwar so manche Schmerzen, doch ersparte das auch in der Brauereistadt Dortmund nicht hin und wieder den Gang zum Pharmazeuten. Schon 1322 findet sich daher in den Dortmunder Bürgerlisten ein hiesiger Arzneimittelhändler, ab 1392 verbürgt schließlich eine Urkunde den Sitz einer Apotheke am Alten Markt. Die Adler Apotheke steht noch heute am ursprünglichen Standort und gilt als älteste Apotheke Nordrhein-Westfalens.

Um der langen Tradition zu entsprechen, richtete man in den Kellerräumen ein umfangreiches Museum ein. Auf 130 Quadratmetern wird hier in einem historischen Arbeits- und Verkaufsraum, dem sogenannten Offizin, einer Materialkammer, zwei Vorratsräumen, einer Bibliothek und einer Kräuterkammer antiquiertes Apothekenmobiliar zusammen mit pharmazeutischen Relikten präsentiert. Über 6.000 Exponate wurden zusammengetragen und geben das Pharmazeutenwesen vergangener Tage anschaulich wieder. Allein die Mörsersammlung besteht aus über 200 Exemplaren aus verschiedensten Materialien, Kulturräumen und Zeitepochen. In der Bibliothek finden sich Hunderte alter Fachbücher und handgeschriebener Aufzeichnungen. Die historischen Apothekermöbel stammen aus der Wuppertaler Victoria-Apotheke und stehen unter Denkmalschutz. Im angrenzenden Labor wird vorgeführt, wie Pillen hergestellt wurden. Es beeindruckt durch seine alten Gerätschaften wie Sterilisierschränke und die Destillationsapparatur aus dem Mittelalter. Historische Vorratsdosen, Heilwasserkrüge und vieles mehr runden die Ausstellung ab.

Die moderne Adler Apotheke bildet einen technisierten Kontrast zum historischen Kleinod in ihrem Keller. Von dem unter Denkmalschutz stehenden Gebäude von 1914 ausgehend, lässt sich der Alte Markt mit seinem historischen Rathaus und den zahlreichen Gastronomiebetrieben erobern. In diesen wird auch ein altbewährtes Wässerchen appliziert – Dortmunder Bier.

Adresse Markt 4, 44137 Dortmund-Innenstadt | **ÖPNV** U-Bahn U 42, U 43, U 44, U 46, Haltestelle Reinoldikirche | **Pkw** B 1, Ausfahrt Dortmund-Zentrum, Beschilderung Zentrum und Parkleitsystem folgen | **Öffnungszeiten** Gruppenführungen Mo–Sa 8–18 Uhr auf Anfrage unter Tel. 0231 / 7223606 | **Tipp** Nördlich der Innenstadt liegt in der Steigerstraße 16 ein Brauereimuseum. Hier wird über die lange Bierbrautradition Dortmunds berichtet.

DORTMUND-INNENSTADT-OST

30 mondo mio!
Wie Kinder die Welt sehen

Die Welt schrumpft zusammen. Das Internet macht einen intensiven Austausch mit Menschen möglich, die auf der anderen Seite der Erdkugel leben. Doch was für Menschen sind das, unter welchen Lebensbedingungen leben sie, und welche Riten und Bräuche sind in ihren Ländern üblich? In Dortmund kennt man die Antwort.

mondo mio! nennt sich das Museum, das sich intensiv mit der interkulturellen Thematik auseinandersetzt und auf eine Entdeckungsreise durch Kontinente und Länder einlädt. Konzipiert wurde die Ausstellungslandschaft im Westfalenpark vor allem für Kinder. An verschiedenen Stationen können sie spielerisch fremdländische Kulturen oder aber ihre eigene Identität kennenlernen. Ob Rikscha fahren, indische Kleidung anprobieren oder exotische Instrumente anschlagen – im mondo mio! ist Ausprobieren, Anfassen und Mitmachen ausdrücklich erwünscht. An 30 Spielstationen wird nicht nur für die Individualität der Kulturen sensibilisiert, auch werden globale Zusammenhänge erschlossen und ökologisches Bewusstsein geschaffen.

Dabei geht mondo mio! auf eine Idee Rajeev Sethis zurück. Der indische Künstler hatte für die EXPO 2000 auf seinen Weltreisen typische Exponate der verschiedenen Kulturen zusammengetragen und Dioramen zum Thema »Grundbedürfnisse« erstellt. Das Land Nordrhein-Westfalen kaufte die Werke im Anschluss der Weltausstellung und übergab sie der Stadt Dortmund. Diese entwickelte zur kindgerechten Aufbereitung ein pädagogisches Konzept und eröffnete unter der Schirmherrschaft der UNICEF 2007 das Museum. Das kostenfreie Angebot richtet sich nun schon an Kinder ab drei Jahren. Doch auch Schulklassen können das mondo mio! als außerschulischen Lernort nutzen. Und Spontanbesucher heißt die Ausstellung in der Florianhalle des Westfalenparks auch willkommen. Schließlich können auch Erwachsene noch etwas über respektvolles Miteinander lernen.

Adresse Florianstraße 2 (nahe Parkeingang Ruhrallee), 44139 Dortmund-Innenstadt-Ost | **ÖPNV** U-Bahn U 45, U 49, Haltestelle Westfalenpark | **Pkw** B 1, Ausfahrt Richtung DO-Zentrum / DO-Hörde / Großmarkt, rechts abbiegen auf Am Kaiserhain, nach circa 200 Metern rechts auf Florianstraße | **Öffnungszeiten** Di–Fr 13.30–17 Uhr, Sa, So und Feiertage 11–18 Uhr, Ferien Di–Fr 13–18 Uhr, Sa, So und Feiertage 11–18 Uhr | **Tipp** Wenn man schon einmal im Westfalenpark ist, sollte man auch die weitläufige Parkanlage erforschen. Im 209 Meter hohen Florianturm befindet sich eine Gastronomie mit Blick über ganz Dortmund und Umland.

DORTMUND-INNENSTADT-WEST

31 Die Kampfbahn Rote Erde
Doppelt feiern hält besser

Als vielseitige Kampfstätte für Leichtathleten erbaut, sorgte die Kampfbahn Rote Erde noch vor ihrer Eröffnung für erhitzte Gemüter. Die bürgerlichen Sportverbände und das Arbeitersport- und Kulturkartell hatten die Sportstätte zwar gemeinsam gebaut, konnten sich aber wegen gegensätzlicher weltlicher Ideologien auf keine gemeinsame Eröffnungsfeier einigen. So wurde das Stadion im Juni 1926 gleich doppelt eingeweiht.

Nachdem dann Borussia Dortmund 1937 seine alte Wirkungsstätte, die »Weiße Wiese«, zwangsräumen musste, bezog der Verein die vom Architekten Hans Strobel entworfene Kampfbahn als neue Heimat. Die Erfolge des Vereins und die wachsende Zuschauerzahl erforderten in den 1950er Jahren den Anbau einer Holztribüne. Bis zu 40.000 Fans fanden nun Platz und erlebten so auch das geschichtsträchtige Derby am 6. September 1969. Doch ausgerechnet dem Schalker Friedhelm »Friedel« Rausch wird das Spiel noch lange in Erinnerung bleiben.

Der damalige königsblaue Verteidiger machte nämlich nach dem blau-weißen Führungstreffer Bekanntschaft mit dem Gebiss eines Wachhundes. Genauer gesagt war es sein Hinterteil, welches Opfer des freigelassenen Hundes wurde. Nach eigenen Angaben hat Rausch noch heute eine markante Narbe an seinem Gesäß.

Schalkes damaliger Präsident Günter Siebert sann auf Rache und lieferte die amüsante Revanche beim Rückspiel auf Schalke. Dort patrouillierten echte Löwen am Spielfeldrand und versetzten die Borussenmannschaft in Angst und Schrecken. Sie wussten nicht, dass es sich nur um zahme Raubkatzen aus dem Löwenpark Westerholt handelte.

Trotz solch erbitterter Wettstreitereien rührt der Name der Kampfbahn nicht etwa von blutgetränkter »roter Erde«. Er ist lediglich ein alter Begriff für Westfalen und seine gerodete Erde. Heute wird die Kampfbahn im Schatten des beeindruckenden Westfalenstadions hauptsächlich wieder als Leichtathletikstätte genutzt.

Adresse Strobelallee 50, 44139 Dortmund-Innenstadt-West | **ÖPNV** U-Bahn U 45, U 46, Haltestelle Westfalenhallen, bei Spielbetrieb bis Stadion | **Pkw** A 40, B 1, Ausfahrt Richtung Im Rabenloh, Beschilderung Signal Iduna Park folgen | **Tipp** Lässt man die Parkplatzlandschaften des Stadions hinter sich, gelangt man in den schönen Westfalenpark. Florian, der Fernsehturm, weist schon aus der Ferne den Weg.

DORTMUND-INNENSTADT-WEST

32 Der Steinerne Turm
Ein Stück Stadtbefestigung an der Westfalenhalle

Dortmund war schon im Mittelalter eine bedeutende Stadt. Sie war Kreuzungspunkt mehrerer Handelsstraßen, besaß Markt- und Münzprägerechte und konnte als Pfalz dem König Unterkunft auf seinen Reisen anbieten. Daher richtete man schon um 1200 eine Stadtbefestigung mit Frühwarnsystem ein. Circa 2,5 Kilometer vor der eigentlichen Stadtmauer lagerte man hierfür bereits Aussichtstürme vor. Die Stadtmauer selbst war circa drei Kilometer lang, besaß insgesamt sechs Tore und diverse Türme. Um ihre Wehrhaftigkeit zu erhöhen, rodete man das Umland zu einem sogenannten Hagen. An der Grenze dieses besiedelten Stadthagens standen die Aussichtswarten. Eine dieser Befestigungen ist der noch heute stehende Steinerne Turm. Er bewachte die südliche, aus Köln kommende Handelsroute.

Nachdem er im 14. Jahrhundert durch eine Belagerung in Mitleidenschaft gezogen worden war, verstärkte man den unteren Bereich durch dicke Backsteinmauern, was ihm noch heute seine ungewöhnliche Optik verleiht. Dabei handelt es sich bei dem oberen, wesentlich schmaleren Mauerwerk lediglich um eine Rekonstruktion.

Während des Zweiten Weltkriegs suchte die Bevölkerung am Steinernen Turm Schutz. Nicht etwa in ihm selbst, dafür aber unter ihm. Denn dort befand sich ein circa 500 Quadratmeter großer Tiefbunker, der über 600 Menschen Platz bot. Nach dem Krieg fand der Schutzraum eine ungewöhnliche Umnutzung. Als Dortmunds damals spektakulärste Unterkunft befand sich im Bunker nämlich das »Rheinlanddamm Hotel«. Bis in die 1970er Jahre konnten Touristen in der unterirdischen Behausung residieren. Mittlerweile sieht man von dem Bunker jedoch nur noch die beiden Zugänge und einen Lüftungsturm. Sie stehen direkt neben dem mittelalterlichen Bollwerk auf dem Parkplatz der Westfalenhalle. Denn diese ist seit 1925 der direkte Nachbar des Steinernen Turms und lockt mit facettenreichem Programm.

Adresse Rheinlanddamm, Höhe Westfalenhalle, 44139 Dortmund-Innenstadt-West | **ÖPNV** U-Bahn U 45, U 46, Haltestelle Westfalenhallen | **Pkw** B 1 bis Westfalenhalle, Beschilderung Parkplatz folgen | **Tipp** Der Adlerturm ist eine Rekonstruktion des gleichnamigen alten Wachturms der Stadtmauer. In ihm ist ein Kindermuseum für mittelalterliche Stadtgeschichte untergebracht (Ostwall 51a, 44135 Dortmund).

DORTMUND-LANSTROP

33_ Der Lanstroper See
Naturschutz trifft Mülldeponie

Durch den Bergbau der Zechen Preußen und Gneisenau war der Boden im Dortmunder Nordosten durchlöchert wie ein Schweizer Käse. Die Folge waren Bergsenkungen, die das Gebiet absacken ließen. Da es dabei gar unter Grundwasserniveau fiel, überflutete es 1963, und der Lanstroper See entstand.

Heute sind der bis zu fünf Meter tiefe See und sein unmittelbares Umland ein ausgewiesenes Naturschutzgebiet. »Sekundärbiotop« nennen es Biologen, da es durch künstliche Umstände geschaffen wurde. Dennoch hat sich hier eine große Artenvielfalt breitgemacht. Der fischreiche See lockt unter anderem Kormorane, Graureiher und Haubentaucher an, die umliegenden Acker- und Wiesenbrachen sind ein idealer Lebensraum für Kröten, und im angrenzenden Hienbergwald wird mittlerweile wieder der seltene Pirol gesichtet. Für den Menschen wird das Gebiet durch einen Holzsteg erschlossen, der nahe am Lanstroper See vorbeiführt und mit Aussichtsplattformen und Informationstafeln versehen ist.

Im Westen und Südwesten des Naturschutzgebiets erstreckt sich eine Haldenlandschaft. Dabei handelt es sich um die Deponie Dortmund-Nordost, Deutschlands größte Mülldeponie. Als erhöhtes Fundament dient der Abfalllagerstätte die Bergehalde der Zeche Gneisenau. Der südwestliche Teil, die Halde Grevel, wurde schon renaturiert, an das Naturschutzgebiet angeschlossen und von einem 4,5 Kilometer langen Wander- und Reitwegenetz durchzogen. Da in ihr organische Abfälle schlummern, treten Deponiegase aus, die jedoch abgefangen und zur Energiegewinnung genutzt werden. Die Halde Grevel wird aufgrund der guten Weitsicht von ihren Aussichtspunkten aus auch »Greveler Alm« genannt. Neben dem Blick hinunter zum Lanstroper See lässt sich von hier aus auch das Lanstroper Ei erblicken. Der eiförmige Stahlbehälter war einst ein Wasserturm und ist nun eine weithin sichtbare Landmarke, direkt neben dem Schutzgewässer.

Adresse Dreihausenstraße, 44329 Dortmund-Lanstrop | **ÖPNV** Bus 420, Haltestelle Hostedde | **Pkw** A 2, Ausfahrt Dortmund-Lanstrop, rechts auf Friedrichshagen, nach circa 1,2 Kilometern rechts auf Dreihausenstraße | **Tipp** Am Fuß der Greveler Alm, in unmittelbarer Nähe zum Lanstroper Ei, findet sich der Luftschacht Rote Fuhr. Er diente zur Untertagebewetterung der Zechen Preußen und Gneisenau. Der Backsteinturm steht unter Denkmalschutz.

34 Der Syberg
Eine Denkmallandschaft mit Aussicht

Der Syberg als Ausläufer des Ardeygebirges bietet vielfältige Möglichkeiten der Freizeitgestaltung, zahlreiche kulturelle Eindrücke und fesselnde Aussichten. Mit circa 250 Metern Höhe über Normalnull bildet er einen krönenden Abschluss der Stadt Dortmund zum Süden hin. Hier fällt sein Steilhang direkt zum Nordufer des Hengsteysees und der Hagener Stadtgrenze hin ab.

Ab 1903 konnte man mit Hilfe einer Bergbahn auf den Syberg gelangen, mittlerweile sind von dieser jedoch nur noch die Schneise und eine Brücke erhalten. Doch die Bahn war der Syburger Bevölkerung sowieso ein Dorn im Auge, da man zuvor Kutschfahrten hinauf zum Kaiserdenkmal angeboten hatte und das neue Gefährt ihr nun die Kundschaft nahm.

Inzwischen ist der Syberg und somit das Kaiserdenkmal bequem per Auto zu erreichen. Es wird geprägt von einem mächtigen Turm, vor dem die Statue des berittenen Kaisers Wilhelm I. thront, die von den Standbildern Bismarcks und Moltkes flankiert wird. Obwohl die nationalsozialistische Diktatur den Turm seiner neugotischen Pracht beraubte, ist das Kaiserdenkmal noch immer ein monumentales Bauwerk. Östlich des Denkmals steht die Ruine der Hohensyburg. Sie lässt die Bedeutung der Burg im 12. Jahrhundert als Sicherung des Ruhrübergangs erahnen. Neben die Ruine baute man 1857 den 20 Meter hohen Vincketurm zu Ehren des ersten Oberpräsidenten der preußischen Provinz Westfalen, Ludwig Freiherr von Vincke. Von der Aussichtsplattform des achteckigen Turms ergibt sich ein phantastischer Blick auf Hagen und das nördliche Sauerland.

Modernster Bau auf dem Syberg ist wohl das 1985 eröffnete Spielcasino, ältestes bauliches Relikt die fragmentarisch erhaltene historische Wallburg aus dem 8. Jahrhundert. Und da der Syberg einst ein Kohlerevier war, findet sich auf seinem Westhang ein Bergbauwanderweg. Hier helfen weder Bergbahn noch Auto; er kann nur zu Fuß erschlossen werden.

Adresse Hohensyburgstraße 200, 44265 Dortmund-Syburg | **ÖPNV** Bus 432, Haltestelle Syburg | **Pkw** A 45, Ausfahrt Dortmund-Süd, auf B 54 Richtung Herdecke / DO-Hohensyburg, nach circa 2,7 Kilometern links auf Hohensyburgstraße, Beschilderung Spielcasino Hohensyburg folgen | **Tipp** Östlich des Sybergs befindet sich die Naturbühne Hohensyburg. Das Freilichttheater lockt jeden Sommer mit Familienmusicals und Theaterinszenierungen an den Hang des Sybergs.

35 Die Brücken im Innenhafen
Ein weltweites Unikat und zwei alte Stadttore

Duisburg hat mehr Brücken als Venedig. Mit 650 Überführungen sind es 220 mehr, als die Lagunenstadt aufweisen kann. Drei der Duisburger Brücken überspannen den Innenhafen. Die westlichste davon bildet die Grenze zwischen Außen- und Innenhafen – die Marientorbrücke. Vor allem das unter ihr befindliche Sperrtor ist sehenswert. Bei Rheinhochwasser wird es hinabgelassen und verhindert die Überschwemmung der Innenstadt. Es wurde 1926 errichtet, nachdem sein Vorgängerbau zwei Jahre zuvor an einem zu hohen Pegelstand des Rheins gescheitert war.

Die mittlere der Innenhafenbrücken, die Schwanentorbrücke, ist wohl auch die auffälligste. Vier markante quadratische Türme ragen 20 Meter in die Höhe. Ihre Backsteinoptik wird durch verglaste Obergeschosse durchbrochen. In den Türmen hängen Gegengewichte und Seile, mit denen die Fahrbahn angehoben wird, wenn Schiffe passieren müssen. Aus dem südöstlichen Turm der 1950 gebauten Hubbrücke ragt wie ein Fremdkörper die Steuerzentrale heraus. Unterhalb der Brücke findet sich ein Schiffsanleger. Von ihm starten die Rundfahrten durch den größten Binnenhafen Europas. Sowohl die Marientor- als auch die Schwanentorbrücke erinnern mit ihren Namen an die beiden Stadttore, die sich nahe der heutigen Brückenstandorte befanden.

Die östlichste Brücke des Dreiergespanns ist die Buckelbrücke, eine reine Fußgängerüberführung – jedoch eine spektakuläre. Denn sie ist die einzige höhenverstellbare Hängebrücke der Welt. Dabei besteht ihr Gehweg aus 14 locker aneinanderliegenden Betongliedern. Werden die Stahlseile, an denen die Brücke hängt, gestrafft, spannt sich der Gehweg zu einem zehn Meter hohen Katzenbuckel auseinander. Im Buckelzustand ist die Brücke zwar nicht passierbar. Doch bleiben ja noch zwei Brücken übrig, von denen aus beide Gewässerseiten des zum Flanierviertel umgebauten Innenhafens erschlossen werden können.

Adresse zum Beispiel Marientorstraße, 47051 Duisburg-Altstadt | **ÖPNV** Bus 933, Haltestelle Sperrschleuse, Straßenbahn 901, Haltestelle Rathaus, Bus 929, 933, Haltestelle Schwanentor | **Pkw** A 40, Ausfahrt Duisburg-Häfen, Richtung Duisburg-Hochfeld, nach 350 Metern Ausfahrt Duisburg-Zentrum, dann Beschilderung Binnenhafen folgen | **Tipp** Bei den unzähligen Duisburger Brücken bietet sich eine Brückentour an. Erwähnenswert wären da unter anderem die »Brücke der Solidarität« über den Rhein und die aus circa 20 Brücken bestehende »Brückenlandschaft Ruhraue«.

DUISBURG-BAERL

36 Halen
Das versunkene Dorf und die Rheinbrücken

Um es vorwegzusagen: Halen gibt es nicht mehr. Und das schon seit einigen hundert Jahren. Dennoch lohnt ein Ausflug zum ehemaligen Dorf – hier strömt nun der Rhein und bildet eine prachtvolle Kulisse für Wanderungen, Radtouren oder einfach nur zur Erholung. Doch der Reihe nach:

Bereits im Jahr 900 fand das Fischerdorf Halen urkundliche Erwähnung im Heberegister des Werdener Klosters. Im Laufe der Jahrhunderte sind ein Halener Rheinhafen, eine Dorfkirche und ein Rittersitz belegt. Dieser lag dem Dorf vorgelagert auf einer Anhöhe. 1275 kam es durch Hochwasser zu einer Rheinverschiebung, und der Fluss baute sich ein neues Bett. Er rückte nicht nur näher an Halen, er umspülte auch den als Haus Knypp beurkundeten Rittersitz, der fortan auf einer Insel mitten im Rhein thronte.

300 Jahre später gab es erneut ein starkes Hochwasser – der Fluss bettete sich abermals um und begrub nun endgültig Halen und Haus Knypp in seinen Fluten. Haus Knypp wurde zwar am rechtsrheinischen Ufer wieder neu errichtet, Halen blieb jedoch Geschichte. Die Trümmer der Dorfkirche ruhen nun unmittelbar nördlich der Beeckerwerther Brücke auf dem Grund des Rheins. Es heißt, in stürmischen Nächten höre man noch manchmal ihre Glocken läuten.

Die Beeckerwerther Brücke bildet heute zusammen mit der neben ihr liegenden Eisenbahnbrücke ein beeindruckendes Brückenpanorama. Vor allem Letztere ist durch ihr Stahlfachwerk ein Hingucker – sie trägt als Reminiszenz den Namen »Haus-Knipp-Eisenbahnbrücke«. Auch der Niederhalener Dorfweg erinnert noch durch seinen Namen an das versunkene Dorf. Er führt direkt hinunter an das Rheinufer, dorthin, wo Halen einst lag, und bildet den Ausgangs- oder Endpunkt der Wander- und Radwege entlang des Rheins und des grünen Umlandes. Das gegenüberliegende Ufer bietet mit dem ThyssenKrupp Stahlwerk und der Kokerei kontrastreiche Industrieansichten.

Adresse Niederhalener Dorfweg, 47199 Duisburg-Baerl | **ÖPNV** Bus 913, 925, Haltestelle Restaurant Liesen | **Pkw** A 42, Ausfahrt Duisburg-Baerl / Moers, rechts auf Grafschafter Straße bis zum Niederhalener Dorfweg | **Tipp** Das Haus Rheinblick am Ufer beim Niederhalener Dorfweg bietet mit seiner Rheinterrasse gustatorische Verschnaufpausen. Fußläufig oder per Rad ist auch der Baerler Busch zu erkunden.

37_ Der Brückenkopf
Die erste Rheinbrücke in Duisburg und ihr Überrest

Dass die beiden Türme des Brückenkopfes in Friemersheim aussehen wie Relikte einer Wehranlage hat einen einfachen Grund – sie sind nämlich genau das: Relikte einer Wehranlage. Jedoch handelt es sich dabei nicht um Überreste einer Burg, sondern eben um den Pfeiler der ersten Brücke, die in Duisburg den Rhein überspannte.

Da Rheinbrücken zuvor nur in Garnisonsstädten wie Düsseldorf, Köln, Koblenz und Mainz vom preußischen Militär zugelassen worden waren, half man sich in Duisburg zunächst mit der Trajektierung von Eisenbahnwaggons aus. Doch die Überquerung des Rheins per Eisenbahnfähren konnte durch ihren zeitlichen Aufwand nicht die gewünschten Handelskapazitäten stemmen und hemmte so den Güterverkehr. Als 1869 das Militär außerhalb der Garnisonsstädte Rheinbrücken schließlich zuließ, beantragte man sofort den Bau und begann schon 1872 mit der Errichtung einer zweigleisigen Brücke. Die Staatsauflagen setzten jedoch zwei patrouillierende Kanonenboote, die Verminung sämtlicher Pfeiler, die Errichtung einer integrierten Drehbrücke, die Demontage der nahe liegenden Trajektanlage und eben den Bau wehrhafter Brückentürme voraus. Letztere sind nun die verbliebenen Reste der ersten Duisburg-Hochfelder Eisenbahnbrücke.

Doch auch die Eisenbahnbrücke kam schnell an ihre Grenzen, und so forderte man bereits 1910 einen Neubau. Zunächst verhinderte der Erste Weltkrieg das Projekt, doch dann zerstörte ein Bombenanschlag während der Ruhrbesetzung 1923 das alte Querungsbauwerk. Bis auf den Brückenkopf trug man die zerstörten Reste ab. Keine fünf Meter nördlich der beiden Türme entstand 1927 die neue Rheinbrücke. Das nach Kriegsschäden des Zweiten Weltkriegs 1947 erneuerte Bauwerk fungiert noch heute als Eisenbahnbrücke und ergänzt die sehenswerte Ansicht des Brückenkopfs. Zusammen bilden sie ein architektonisches Ensemble, das im Kontrast zu seiner grünen Umgebung der Ruhraue steht.

Adresse Osloer Straße, Höhe Hochfelder Straße, 47226 Duisburg-Friemersheim | **ÖPNV** Bus 921, Haltestelle Werthauser Straße | **Pkw** A 40, Ausfahrt Duisburg-Homberg Richtung Duisburg-Rheinhausen auf Duisburger Straße, nach circa drei Kilometern links auf Moerser Straße, nach circa 1,5 Kilometern im Kreisverkehr 2. Ausfahrt auf Osloer Straße, dann links auf Parkplatz | **Tipp** Über die neue Eisenbahnbrücke führt ein Fuß- und Radweg nach Duisburg-Hochfeld. Hier liegt der Rheinpark (siehe Seite 86).

DUISBURG-FRIEMERSHEIM

38 Die Villenkolonie

Schutz vor Emissionen durch Westlage? Leider nein

Die berufliche Residenzpflicht band einige Arbeitnehmer an feste Wohngegenden. Auch die leitenden Angestellten des Krupp'schen Stahlwerks in Rheinhausen unterlagen dieser Pflicht und mussten aufgrund ihrer spontanen Erreichbarkeit nahe der Arbeitsstätte wohnen.

Friedrich Alfred Krupp ließ daher 1903 parallel zum Bau der Margarethensiedlung für die Stahlarbeiter eine Villenkolonie errichten. Ausführender Architekt war der Essener Robert Schmohl. Während die Margarethensiedlung nördlich des Stahlwerks erbaut wurde, setzte Schmohl die Villenkolonie ans südwestliche Ende. Die leichte Tendenz nach Westen hatte bei den vorherrschenden Westwinden den Vorteil, dass die Emissionen des Stahlwerks die Kolonie nicht erreichen konnten.

So entstanden in einer im Kreis angelegten Straße 17 Prachtbauten. Während die Betriebschefs in Einzelvillen mit bis zu sieben Zimmern und auf 400 Quadratmetern lebten, mussten die Betriebsassistenten sich mit jeweils einer Doppelhaushälfte zufriedengeben. Besonders prachtvoll residierte der Werksdirektor. Seine Villa thronte in der Mitte der Ringstraße und besaß ein anliegendes Kutscherhaus. Obwohl jede Villa durch ihre Erker und Loggien individuell gestaltet war, verband sie der englische Landhausstil. Zudem gehörte noch ein Kasino zu Repräsentationszwecken zur Siedlung.

Da das Stahlwerk zum größten der Welt expandierte, dehnte es sich um die Villenkolonie herum aus und hüllte sie letztendlich komplett ein. Vorbei war es mit der vorteilhaften Westlage. Heute sind noch neun der Villen und das Kasino erhalten. Sie bilden zusammen mit ihrem kleinen Park eine historische Enklave inmitten der jetzigen Gewerbegebietslandschaft. Die Villen sind seit Mitte der 1970er unbewohnt und stehen seit 1988 unter Denkmalschutz. In der historischen Kulisse des Kasinos ist mittlerweile Gastronomie untergebracht.

Adresse Villenstraße, 47229 Duisburg-Friemersheim | **ÖPNV** Deutsche Bahn, Haltestelle Bahnhof Rheinhausen Ost, von hier circa 15 Minuten Fußweg | **Pkw** A 40, Ausfahrt Duisburg-Homberg, Richtung Duisburger Straße, Vorfahrtsstraße circa 5,5 Kilometer folgen, dann rechts auf Villenstraße | **Öffnungszeiten** Gastronomie Casino Bliersheim: Di–Fr, So 11.30–15 Uhr, abends und Sa auf Anfrage für geschlossene Gesellschaften | **Tipp** An der Europaallee befindet sich mit dem denkmalgeschützten Werkstor 1 eines der letzten Relikte des ehemaligen Stahlwerks.

DUISBURG-HOCHFELD

39 __ Der Rheinpark
Ein neuer Stadtteil samt Naherholung

Der Stadtteil Hochfeld erhielt seinen Namen, da er, obwohl unmittelbar am Rhein gelegen, deutlich über dessen Pegel liegt. Da er so vor Hochwasser Schutz und dennoch die Anbindung ans Schifffahrtsnetz bot, war er ein idealer Standort für die Schwerindustrie. Ab Mitte des 19. Jahrhunderts wurde er unter anderem von Zink-, Hütten- und Walzwerken so überbaut, dass die Hochfelder Bürger ihren Rhein plötzlich nicht mehr erreichen konnten. Mit Untergang der Montanindustrie erfolgte jedoch ab 2008 der Umbau der Industriegelände zum Rheinpark. Die Umnutzung sollte auch den Bürgern ihren Rhein wieder näher bringen. Neben Grünanlagen entstand daher im Rahmen des Rheinparks ein neues Stadtquartier samt Wohnanlagen.

Eine 30 Meter breite Flaniermeile, die sogenannte Hochfeldallee, bildet nun den eindrucksvollen Eingangsbereich der Parkanlage. Ihre Nordseite wird von einer 200 Meter langen Fabrikwand flankiert, die mit Tausenden Bildern von Duisburger Bürgern versehen wurde.

Im Süden wird der Rheinpark vom sogenannten Kultushafen sowie der Duisburg-Hochfelder Eisenbahnbrücke und im Norden von der »Brücke der Solidarität« begrenzt. Der Bedeutung Hochfelds entsprechend wurden die Rasenflächen hoch angelegt, während die Wege zwischen ihnen durch künstliche Täler führen. Teilweise werden die Wiesen durch Brücken verbunden. Zudem ließ man beim Bau des Rheinparks bis zu acht Meter hohe Mauerreste der Fabriken, Wassertürme und eine Sinteranlage stehen und integrierte sie in das Landschaftsbild. Ein Skateparcours und eine Kletterwand bilden das sportliche Zentrum des Parks.

Doch noch immer versperrt eine Eisenbahntrasse den direkten Weg zum Rhein. Um den Rheinpark mit dem Fluss zu verbinden, setzte man daher sowohl zwei ansehnliche Brücken über als auch zwei Unterführungen unter die Gleise. So wird der Rheinpark um eine 1,4 Kilometer lange Uferpromenade inklusive Sandstrand ergänzt.

Adresse Wanheimer Straße, 47053 Duisburg-Hochfeld | **ÖPNV** Straßenbahn 903, Haltestelle Marienhospital oder Bahnhof Duisburg-Hochfeld Süd; Regionalbahn, Haltestelle Bahnhof Duisburg-Hochfeld Süd | **Pkw** A 40, Ausfahrt Duisburg-Häfen, Richtung Duisburg-Hochfeld, Beschilderung Duisburg-Hochfeld folgen auf Heerstraße, nach circa 2 Kilometern links auf Wanheimer Straße | **Tipp** Das »Ziegenpeter« ist ein Restaurant an der Uferpromenade des Rheinparks. Es wird von der Duisburger Werkstatt für Menschen mit Behinderung gGmbH geführt und bietet regionale Kost.

DUISBURG-MARXLOH

40_ Die Hochzeitsmeile
Das Paradies für Jasager

Geht es darum, eine Hochzeit vorzubereiten, bedarf es einige Dinge zu bedenken. Ein Fotograf muss gebucht, eine Torte gebacken und Ringe ausgesucht werden. Dann braucht es entsprechende Kleidung, eine passende Frisur und natürlich schöne Flitterwochen. Mitten im Duisburger Norden, in dem Arbeiterviertel Marxloh, findet sich alles rund um den schönsten Tag im Leben gleich auf einer Straße.

Da das Marxloher Leben seit Jahrzehnten von Schwerindustrie und harter Arbeit geprägt wird, wirkt ein Hochzeitsparadies hier fast fehl am Platze. Rund die Hälfte der Stadtteilfläche wird noch heute von der Industrie in Besitz genommen und lockte vor allem Gastarbeiter mit türkischem Migrationshintergrund an. Doch trotz der Industrietristesse weist Marxloh mittlerweile mit dem Volkspark Schwelgern, dem Freizeitpark Hamborn und dem Jubiläumshain einige Oasen der Naherholung in direkter Nähe auf. Doch das Herz von Marxloh ist die Hochzeitsmeile. Einst wies die Weseler Straße als Hauptverkehrsachse einen hohen Leerstand auf. Nun konkurrieren hier bis zu 80 Geschäfte rund um das Hochzeitsfest um die Gunst der Kunden. Vom Friseur über den Bäcker bis hin zum Fotostudio und Reisebüro. Allein 40 Brautmodengeschäfte und Herrenausstatter locken potenzielle Eheleute aus der ganzen Republik nach Duisburg.

Vor allem bei der Hochzeitskleiderauswahl geht es recht bunt zu, denn die ansässigen Geschäfte ziehen hauptsächlich türkischstämmige Heiratswillige an; und auf deren Hochzeiten darf es ja bekanntlich farbenprächtig zugehen. Da darf ein angemessener Juwelier für die goldene Mitgift auch nicht fehlen. Ebenso lassen sich hier direkt Hochzeitseinladungen gestalten, Blumendekore auswählen oder die Autos für die obligatorische Hochzeitskarawane schmücken. Selbst Rechtsanwälte haben sich hier niedergelassen. Ob die sich jedoch mit Scheidungsrecht auskennen, sei mal dahingestellt.

Adresse Weseler Straße, 47169 Duisburg-Marxloh | **ÖPNV** Straßenbahn 901, 902, 903, Haltestelle Marxloh Pollmann | **Pkw** A 59, Ausfahrt Duisburg-Fahrn, Richtung Marxloh, nach circa 750 Metern links auf Weseler Straße | **Tipp** Sowohl die Grillo-Werke auf der Weseler Straße als auch die DiTiB Moschee in der angrenzenden Warbruckstraße und die alte Thyssenverwaltung befinden sich in unmittelbarer Nähe.

41 Die Rheinhauser Bergbausammlung

Das Erbe der Zechen Diergardt und Mevissen

Obwohl die Zeche Diergardt bereits 1967 stillgelegt wurde, fördert ihr Schachtgerüst noch immer. Allerdings nur als funktionstüchtiges Modell im Maßstab 1:30. Gebaut wurde die Nachbildung von Heinz Cording. Er war 40 Jahre lang Elektriker auf der Zeche und hat sein fachkundiges Bergbauwissen nun in die Rheinhauser Bergbausammlung einfließen lassen. Diese besteht aus über 850 Exponaten, die die Industriegeschichte Rheinhausens anschaulich wiedergeben.

Angefangen hatte es in dem heute zu Duisburg gehörenden Städtchen zunächst mit dem Verhüttungswesen. Bereits 1897 entstand hier das Krupp'sche Stahlwerk, welches sich zum größten Hüttenwerk der Welt mauserte. Erst 1912 erreichte der Bergbau mit der Zeche Diergardt Rheinhausen. Ein Jahr später folgte die Zeche Wilhelmine Mevissen. Circa 60 Jahre waren die beiden Bergwerke aktiv und förderten zu Glanzzeiten bis zu einer Million Tonnen Steinkohle pro Jahr. Nach ihren Stilllegungen 1967 und 1973 schlossen sich ehemalige Bergleute zusammen und errichteten die Rheinhauser Bergbausammlung. Zusammengetragen wurden teilweise Originalexponate der beiden hiesigen Zechen: von alten Fotografien und Hauerbriefen über Werkzeuge bis zu einer Untertage-Lok, von Markscheidergeräten über Sprengmittel bis zu Grubenlampen.

Doch was die Rheinhauser Sammlung so einzigartig macht, sind ihre vielzähligen Modelle, anhand derer die Abläufe unter Tage veranschaulicht werden können. Sei es nun das originalgetreue Fördergerüst oder aber die Abteufanlage für Blindschächte, an der die Tiefbauarbeit in Miniatur demonstriert werden kann. Da die Zechen Diergardt und Mevissen zudem die einzigen linksrheinischen Bergwerke waren, die Schrägbau betrieben, ist ein Modell eines Schrägschachtes selbstverständlich auch vorhanden. Alle Modelle entstanden in mühevoller Handarbeit von Herrn Cording.

Adresse Auf dem Berg 9, 47228 Duisburg-Rheinhausen-Bergheim | **ÖPNV** Bus 921, Haltestelle Buchenstraße | **Pkw** A 40, Ausfahrt Duisburg-Rheinhausen, Richtung Duisburg-Rheinhausen, nach circa 4 Kilometern rechts auf Bergheimer Straße, rechts auf Kreuzacker, im Kreisverkehr 3. Ausfahrt auf Flutweg, direkt rechts auf Kahlacker, nach circa 500 Metern links Auf dem Berg | **Öffnungszeiten** Do 9–16 Uhr, So 14–16 Uhr, Gruppen nach Vereinbarung unter Tel. 01577 / 7727367 | **Tipp** Gegenüber, Auf dem Berg 14, steht der alte Wasserturm Rheinhausen-Bergheim. Das historische Gemäuer stammt aus dem Jahr 1908 und beeindruckt durch seine Architektur.

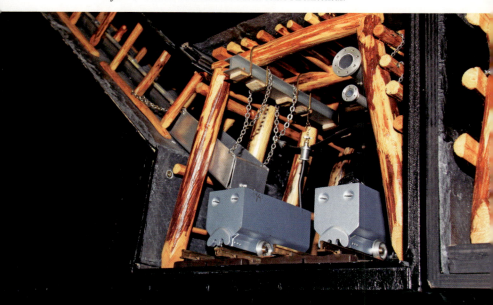

42 Das Radiomuseum
Von der Goebbelsschnauze zur Philetta

Mit einem Musikprogramm von 20 bis 21 Uhr startete im Oktober 1923 im Berliner Vox-Haus die Geschichte des kommerziellen Radios in Deutschland. Über 90 Jahre sind diese ersten Gehversuche her; seitdem hat der Rundfunk eine rasante Entwicklung hingelegt.

Das Radiomuseum in Duisburg weiß anschaulich über diese zu berichten. Anhand der über 350 Exponate werden vor allem die ersten vier Radiojahrzehnte dokumentiert. Dabei sind die meisten der Ausstellungsstücke noch voll funktionsfähig. Die Sammlung reicht von Funksignaldetektoren der ersten Stunde über Philetta-Radios der 1950er Jahre bis hin zu den Stereogeräten der 1960er Jahre. Fast alles, was in deutschen Haushalten damaliger Zeiten vertreten war, findet sich hier wieder. So zum Beispiel auch der VE 301 und der DKE. Sie führen die museale Reise in die düstere Zeit der nationalsozialistischen Diktatur. Damals sollte jeder Haushalt mit einem Radio ausgestattet werden, und die deutschen Hersteller mussten in einer Gemeinschaftsproduktion den Volksempfänger VE 301 herstellen. So erfuhr das Radio zwar eine große Verbreitung, jedoch wurde es zu Zwecken der Propaganda missbraucht. Daher nannte der Volksmund damals den Nachfolger des Volksempfängers, den Deutschen Kleinempfänger DKE, hinter vorgehaltener Hand einfach nur Goebbelsschnauze.

Aufgrund des geschichtlichen Missbrauchs durchleuchtet das Museum auch den inhaltlichen Wandel der Rundfunkprogramme von Propagandazwecken bis zum Unterhaltungsmedium. Zudem ergänzen Plattenspieler, Tonbandgeräte und weitere Rundfunktechniken die Sammlung des 190 Quadratmeter großen Museums.

Technikbegeisterte erhalten in der Ausstellung einen nostalgischen Einblick in das damalige Fortschreiten der Radiotechnologie – vom anfänglichen Batteriebetrieb zum Anschluss an das Stromnetz, von der Entwicklung vom Röhren- zum Transistorradio und vom Wandel von der Mono- zur Stereotechnologie.

Adresse Bergiusstraße 27, 47119 Duisburg-Ruhrort | **ÖPNV** Straßenbahn 901, Haltestelle Karlstraße | **Pkw** A 59, Ausfahrt Duisburg-Ruhrort, Richtung Ruhrort auf Bürgermeister-Pütz-Straße, nach circa 1 Kilometer links auf Am Nordhafen, nach circa 1 Kilometer im Kreisverkehr 3. Ausfahrt auf Hafenstraße, dann links in Bergiusstraße | **Öffnungszeiten** Di 11–14 Uhr, Do 11–18 Uhr, So 11–14 Uhr, an Feiertagen geschlossen | **Tipp** Auf dem Vinckeplatz zwischen der Hafen-, Dr.-Hammacher- und Ruhrorter Straße steht die Vinckesäule. Auf der 7,5 Meter hohen Ehrensäule thront die Bronzefigur »Felicitas publica«.

43 — Die Haferkästen
Man kam nicht rein, man kam nicht raus

Gutsbrände waren in Zeiten der Fachwerk- und Holzbauweisen keine Seltenheit. Zwischen dem 15. und 18. Jahrhundert errichtete man daher abseits der Bauernhöfe und Landgüter Haferkästen. So konnte man fern von potenziellen Brandherden, wie Kaminen und Öfen, wertvolles Saatgut sicher einlagern.

Vor allem in der Grafschaft Mark waren Haferkästen stark vertreten. Auf dem ehemaligen märkischen Gebiet finden sich daher noch heute die meisten Vertreter dieser alten Getreidespeicher. Vier solcher Bauten stehen in Ennepetal: der Kornkasten Rüggeberg, der Kornkasten Vor den Eicken, der Haferkasten Mühlinghausen und der Haferkasten Neuenhesterberg.

Die Ennepetaler Haferkästen stammen aus den Jahren 1637, 1703, 1717 und 1800 und haben aufgrund ihres Alters nicht nur kulturhistorischen, sondern auch Seltenheitswert. Um sie entsprechend erhalten zu können, musste man sie abbauen und originalgetreu an einem neuen Standort wieder zusammensetzen. Nun befinden sich die vier Kornspeicher grob entlang der Rüggeberger Straße. 1984 stellte man die zweigeschossigen, in Ständerbauweise errichteten Bauten unter Denkmalschutz. Vor allem der Kornkasten Rüggeberg, der jüngste der vier, ist durch seinen neuen Platz neben dem Alten Friedhof gut zugänglich. In der Türzarge lässt sich noch eine verwitterte Inschrift erahnen.

Da Haferkästen durch ihre Ferne zum Gutshof nicht ohne Weiteres bewacht werden konnten, aber für den Bauer existenzielles Saatgut beinhalteten, mussten sie vor allem eines sein – stabil. So war der Inhalt vor Diebstahl geschützt und ließ keinen Langfinger an die Ware heran. Besonders befestigte Haferkästen erfüllten sogar manchmal den umgekehrten Zweck und dienten in den spärlich mit Arrestzellen besetzten ländlichen Regionen mitunter als Gefängnisse. Inwiefern jedoch auch die Ennepetaler Haferkästen als Kittchen genutzt wurden, ist nicht überliefert.

Adresse Kornkasten Rüggeberg: Hesterberger Straße, Höhe Fußballplatz, 58256 Ennepetal-Rüggeberg | **ÖPNV** Bus 561, Haltestelle Rüggeberg | **Pkw** A 1, Ausfahrt Wuppertal-Langerfeld, Richtung Schwelm, nach circa 7 Kilometern rechts auf Heilenbecker Straße, nach circa 5 Kilometern links in Severinghauser Straße, circa 1,5 Kilometer in Rüggeberg rechts auf Hesterberger Straße. | **Tipp** Der älteste noch erhaltene Haferkasten aus dem Jahr 1583 steht in der Parkanlage des Hauses Martfeld (siehe Seite 198).

ESSEN-FRINTROP

44 Der Gleispark Frintrop
Ein Sammelbahnhof wird sich selbst überlassen

Erst die Eisenbahn ließ die Montanindustrie im Ruhrgebiet richtig erblühen. Erze, Kohlen und schließlich daraus gefertigte Stahlprodukte konnten schnell transportiert und ihrem Bestimmungsort zugeführt werden. Die Köln-Mindener Eisenbahn-Gesellschaft war 1847 die erste, die ihre Stammstrecke durch die Region legte und somit einen bedeutenden Stellenwert einnahm. In Frintrop besaß sie einen Rangier- und Sammelbahnhof. Mit Untergang der Schwerindustrie im Ruhrgebiet wurde jedoch auch der Bahnhof in den 1960er Jahren stillgelegt. Da es keinen Folgenutzungsplan für das Gelände gab, lag das circa 25 Hektar große Areal fast vier Jahrzehnte brach. Erst 1998 kaufte der Regionalverband Ruhr der Deutschen Bahn das Gelände ab und ließ es zum Gleispark Frintrop umbauen.

Hier hatte sich bereits Ruderalvegetation breitgemacht, also jene Pflanzen, die als Pioniere das vom Menschen geschaffene Ödland neu besiedeln. Zuvor hatte das 40 Zentimeter dicke Schotterbett der Gleisanlagen den Boden komplett austrocknen lassen. Zudem trugen die von Waggons gefallenen Güter wie Kohlen, Schlacken und Erze nicht gerade zum Vorhaben der Natur bei, die Industriebrache zurückzugewinnen.

Im Zuge der Umgestaltung zum Gleispark wurden nun nach und nach die Schienen entfernt und die Schneisen zu Rad- und Fußwegen umgestaltet. Dabei wurden jedoch bewusst einige Relikte des alten Güterbahnhofs stehen gelassen. Plattformen, von denen aus sich die Parkanlage überblicken lassen, wurden geschaffen und Skulpturen in den Park eingebracht. Neu gepflanzt wurde jedoch nichts – der Park sollte sich selbst überlassen bleiben.

Für das ungeübte Auge wirkt nun vor allem die Birke dominant, doch dieser Schein trügt. Trotz widriger Umstände, der die Natur hier ausgesetzt war, zählt der Gleispark mit seiner Flora und Fauna mittlerweile zu den artenreichsten Standorten des Ruhrgebiets.

Adresse Ripshorster Straße, Höhe Schienenspur, 45357 Essen-Frintrop | **ÖPNV** in Oberhausen Bus 957, Haltestelle Ripshorster Straße; in Essen Straßenbahn 103, Haltestelle Wertstraße; S-Bahn S 2, Haltestelle Essen-Dellwig | **Pkw** A 42, Ausfahrt Bottrop-Süd, Richtung Essen-Borbeck, direkt leicht rechts auf Essener Straße, nach circa 1,8 Kilometern rechts auf Donnerstraße, nach circa 1,3 Kilometern rechts auf Ripshorster Straße | **Tipp** Nördlich des Gleisparks schließt sich der Gehölzgarten Ripshorst auf Oberhausener Stadtgebiet an. Vom dortigen Haus Ripshorst werden unter anderem auch Führungen in den Gleispark angeboten.

45 Das Europahaus
Aus Amerika wird Europa

In den Nachkriegsjahren errichteten die USA in ausgewählten deutschsprachigen Großstädten Amerikahäuser, um die interkulturelle Begegnung und den deutsch-amerikanischen Austausch anzutreiben. Das erste Amerikahaus auf europäischem Boden baute man ganz bewusst in Essen. Die Besatzungsmacht unterstrich damit, welchen wirtschaftlichen und politischen Stellenwert sie dem Ruhrgebiet zusprach. Das »Amerikahaus Ruhr« als Hilfe zum kulturellen Aufschwung ist somit ein wichtiges Dokument deutscher Nachkriegsgeschichte.

1952 wurde der Backsteinbau vom Architekten des »US Information Center«, Hermann Gehrig, entworfen. Der u-förmige Grundriss spaltet den Bau neben dem Eingangsportal in zwei Flügel. In dem linken war eine Bibliothek mit amerikanischer Literatur untergebracht. Der rechte Flügel, dessen Außenfassade mit Reliefs des Bildhauers Herbert Lungwitz versehen wurde, diente als »Auditorium«, als Saal der Begegnung mit Theater und Filmvorführungen. Doch 1964 schloss das Amerikahaus Ruhr.

Bis zur Eröffnung des neuen Essener Rathauses 1979 diente es ab 1967 als Verwaltungssitz der Stadt. Danach quartierte sich das »Haus Industrieform« ein, aus dem das heutige »red dot design museum« der Zeche Zollverein hervorging.

Seit 1988 stand das Gebäude leer, kränkelte vor sich hin und galt als Essens Innenstadtschandfleck. Die bauliche Heilung erhielt es von einem echten Arzt. Dr. Ludger Stratmann sanierte 1994 den unter Denkmalschutz stehenden Bau zu einem Prunkstück. Ein Biergarten, in dem man das einzigartige Flair des Gebäudes samt Umgebung aufnehmen kann, gehobene Gastronomie und ein einzigartiges Kabarett fanden hier ihren Platz. Das ehemalige Auditorium ist nun ein 300 Gäste fassendes Theater.

An die einst amerikanische Historie erinnert nur noch der neue Name des damaligen Gildenplatzes – er heißt nun Kennedyplatz, während das Amerikahaus zum Europahaus umbenannt wurde.

Adresse Kennedyplatz 7, 45127 Essen-Innenstadt, www.stratmanns.de, www.leos-casa.de | **ÖPNV** U-Bahn U 11, U 17, U 18, Haltestelle Hirschlandplatz | **Pkw** A 40, Ausfahrt Essen-Zentrum, Beschilderung Zentrum und City-Ring-Nord folgen, Beschilderung Parkhaus Kennedyplatz folgen | **Öffnungszeiten** Theaterprogramm bitte der Homepage entnehmen, Gastronomie So–Do 10–24 Uhr, Fr, Sa 10–1 Uhr | **Tipp** Geht man über den Kardinal-Hengsbach-Platz an dem Wasserspiel entlang, trifft man auf den Essener Dom. Schatzkammer, Atrium, siebenarmiger Leuchter, die goldene Madonna und ein besinnlicher Kreuzgang bieten jede Menge Sehenswertes.

46_ Das Foucault'sche Pendel
Die Kuxbörse und wie sich die Welt dreht

Bereits 1909 wurde die Notwendigkeit zur fortlaufenden Weiterbildung von Ingenieuren erkannt. Doch dauerte es noch bis 1927, bis das Vorhaben tatsächlich umgesetzt wurde und das Institut Haus der Technik, kurz HDT genannt, entstand. Es ist das älteste unabhängige Weiterbildungsinstitut Deutschlands und erfüllt diesen Zweck noch heute. In seinem Foyer auf Ebene 6 ist als öffentliches Anschauungsmodell ein Foucault'sches Pendel aufgestellt.

Seinen Namen verdankt das Pendel dem französischen Physiker Jean Bernard Léon Foucault, der 1851 mit dem Pendelversuch Aufsehen erregte. Die Phänomenologie seines Versuchs: Obwohl keine sichtlichen äußeren Einwirkungen die Schwingung beeinflussen, ändert das Pendel kontinuierlich seine Schwingrichtung und dreht sich im Laufe eines Tages um seine eigene Achse. Doch der Schein trügt. Es ist nicht das Pendel, das sich dreht, sondern der Betrachter – vielmehr die Erde, die sich unter dem frei hängenden Pendel hinwegdreht. Durch den recht simplen Versuchsaufbau eines Foucault'schen Pendels wird auf anschauliche Art die Erdrotation deutlich. So soll das Pendel im HDT sinnbildlich auf die dort gelehrten Naturwissenschaften hindeuten.

Dabei diente das Haus nicht nur der Lehre, sondern auch der Wirtschaft. Gebaut wurde es 1922 zunächst für die Essener Kuxbörse. Kuxe waren Anteilscheine an Bergwerken und schwer zu handeln. Dennoch etablierte sich ab 1880 eine Börse, die schließlich das Haus bauen ließ. Das HDT hatte dort zunächst nur Räumlichkeiten angemietet und übernahm mit Untergang der Börse 1934 schließlich das Gebäude. Der heutige Klinkerbau stammt aus dem Jahr 1952, da der Vorgänger im Krieg zerstört wurde. Dennoch ist es ein imposantes Gebäude und steht unter Denkmalschutz. Sein Foucault'sches Pendel weist nun darauf hin, dass sich hier nichts mehr um Wertpapiere, sondern um die Wissenschaft dreht – und natürlich die Erde selbst.

Adresse Hollestraße 1, 45127 Essen-Innenstadt | **ÖPNV** diverse Busse und Bahnen, Haltestelle Essen Hauptbahnhof | **Pkw** A 40, Ausfahrt Essen-Huttrop, Richtung Zentrum, rechts auf Steeler Straße, nach circa 650 Metern links auf Hollestraße | **Tipp** In der Essener Innenstadt finden sich viele historische Bauten. Unter anderem direkt hinter dem HDT steht der Essener Hof, das älteste Hotel der Stadt, mit einer faszinierenden Fassade. Neben dem HDT liegt das Hotel Handelshof, welches einst von Heinz Rühmanns Eltern geführt wurde.

47_ Schwarze Poth 13
Die Stadtwunde als Mahnmal

Als Waffenschmiede des Deutschen Reiches war das Ruhrgebiet während des Zweiten Weltkriegs schweren Bombardements und Angriffen ausgesetzt. Dabei wurde auch die Essener Innenstadt fast vollständig zerstört.

Unter der damaligen Adresse Schwarze Poth 13 war ab 1944 in Essen eine Kommandantur als Außenlager des KZs Buchenwald stationiert. Bis zu 150 Zwangsarbeiter wurden hier unter Missachtung ihrer Menschenwürde untergebracht und mussten die Innenstadt von Kriegsschutt befreien. Zudem sollten die Häftlinge sogar Blindgänger entschärfen. Offiziell lief die KZ-Außenstelle als »Deutsche Erd- und Steinwerke Essen« und stellte Baumaterial aus Kriegsschutt her.

Mittlerweile gibt es die Straße Schwarze Poth nicht mehr. Sie lag ungefähr unterhalb der heutigen Einkaufspassage Rathaus Galerie zwischen Schützenbahn und Am Porscheplatz. 2002 erinnerte sich die Stadt Essen der unrühmlichen Vergangenheit und ließ ein Mahn- und Gedenkmal einrichten – die Stadtwunde. Diese wurde in Zusammenarbeit mit der Objektkünstlerin Astrid Bartels und dem Architekten Werner Ruhnau geschaffen. Hierfür wurde der ehemalige Treppenaufgang zur Rathaus Galerie genutzt. Er entspricht ungefähr dem alten Standort des Hauses Schwarze Poth 13. Der Durchgang wurde zugemauert und der Blick durch Gitterstäbe beengt. Wie in einen Käfig schaut man nun auf sieben wie Totempfähle mahnende Baumstämme, die dezent beleuchtet werden. Die dunkle Umgebung unterhalb der Rathaus Galerie trägt zu der bedrückenden Atmosphäre bei. Zudem kann ihre Lage unter dem regen Treiben der Einkaufsstraße sinnbildlich verstanden werden – eine nicht heilende, klaffende Stadtwunde unter der Oberfläche der Stadt. Sie mahnt und lädt zum Gedenken ein.

Kurz vor Einmarsch der Alliierten in Essen wurde das Außenlager im März 1945 aufgelöst und die Gefangenen in das KZ Buchenwald verschickt. Ihr weiteres Schicksal ist unbekannt.

Adresse Am Porscheplatz, 45127 Essen-Innenstadt | **ÖPNV** diverse Busse und Bahnen, Haltestelle Rathaus | **Pkw** A 40, Ausfahrt Essen-Huttrop, Richtung Zentrum, nach circa 1 Kilometer rechts auf Schützenbahn, unter Rathaus Galerie links in Porscheplatz, dann 1. links in Am Porscheplatz | **Tipp** Fußläufig ist die alte Essener Synagoge zu erreichen. In ihr ist das »Haus jüdischer Kultur« untergebracht.

ESSEN-KATERNBERG

48 — Der Bergmannsdom
Haniel, Haniel und noch mal Haniel

Als Franz Haniel 1847 die Zeche Zollverein gründete, war Katernberg noch katholisch. Zumindest existierte keine evangelische Kirche rund um das Zechenareal. Haniels Sohn und Unternehmensnachfolger Hugo, ein gläubiger Protestant, änderte dies. 1875 spendete er 51.000 Reichsmark zum Bau einer Kirche und verpflichtete sich, zehn Jahre lang das Pfarrergehalt zu subventionieren. Es entstand an der Alten Kirchstraße der Vorgängerbau zum heutigen Bergmannsdom.

Bereits um 1900 war die Kirche aufgrund der schnell wachsenden Gemeinde zu klein geworden, und Bergschäden verhinderten eine Erweiterung des Sakralbaus. Ein neues Gotteshaus musste also her. Zum zweiten Mal sprang Hugo Haniel helfend ein. Er spendete das Grundstück am heutigen Katernberger Markt und steuerte mit 120.000 Reichsmark die Hälfte der Baukosten bei. Aufgrund seiner Ausmaße und der Zielgruppe der Bergarbeiterfamilien von Zollverein erhielt der neue Sakralbau im Volksmund den Namen Bergmannsdom.

Entworfen wurde er vom Essener Architekten Carl Nordmann, der ihn als dreischiffigen Backsteinbau ohne Querschiff errichten ließ. Da die Kirche während der Weltkriege nur wenige Blessuren, wie etwa Fensterbrüche, davontrug, ist sie noch heute nahezu in ihrem Originalzustand im spätromanischen Stil erhalten. Im Inneren präsentiert sich der Dom von einer modernen Seite, die dem industriellen Zeitgeist der Jahrtausendwende entsprach – gusseiserne, unverkleidete Säulen, deren Zierelemente maschinell gefertigt wurden. Zwar wurden damals viele Kirchen so erbaut, doch ist der Bergmannsdom die letzte noch erhaltene Gusseisensäulenkirche Essens. Zudem ist er das bis heute größte evangelische Gotteshaus der Stadt.

Um den Kirchenbetrieb letztendlich aufzunehmen, bedurfte es aber zum dritten Mal der Unterstützung der Familie Haniel – sie schenkte zur Einweihung die noch heute genutzten Abendmahlgeräte.

Adresse Katernberger Markt 2–4, 45327 Essen-Katernberg | **ÖPNV** Straßenbahn 107, Haltestelle Katernberger Markt | **Pkw** A 42, Ausfahrt Gelsenkirchen-Heßler, Richtung Essen-Katernberg, der Hauptstraße folgen bis zum Marktplatz | **Tipp** Der Dortmannhof ist ein denkmalgeschütztes Fachwerkhaus von 1791 inmitten der Industrielandschaft Katernbergs. Der alte Bauernhof liegt in der gleichnamigen Straße fußläufig von der Zeche entfernt.

ESSEN-MARGARETHENHÖHE

49_Der Schatzgräberbrunnen
Die Suche nach den Kostbarkeiten der Sommerburg

Ab 1906 baute man auf damals noch Rüttenscheider Boden die Margarethenhöhe. Die geschlossene Siedlung war die erste deutsche Gartenstadt – noch heute ist sie komplett erhalten, und die gesamte Kolonie steht unter Denkmalschutz. Während des fortschreitenden Ausbaus der Siedlung entstand 1912 auf dem Marktplatz der Schatzgräberbrunnen.

Er erinnert an die Sage des Schatzes von der Sommerburg. Die Sommerburg war eine kleine ritterliche Befestigung, wahrscheinlich nahe der heutigen Lührmannstraße. Im Dreißigjährigen Krieg wurde sie erobert, doch konnten ihre Bewohner zuvor alle flüchten. Da sie keine Zeit hatten, ihre Kostbarkeiten mitzunehmen, versenkten sie der Sage nach ihre Reichtümer in einem nahen Weiher und versiegelten ihn mit einem mächtigen Stein. Auch eine kostbare Spindel der Hausherrin soll dabei gewesen sein. Daher beauftragten sie den Teufel höchstpersönlich, über den Schatz zu wachen. Im Laufe der Jahrhunderte zogen angeblich immer wieder Schatzgräber in die Gemarkung der heutigen Margarethenhöhe und durchkämmten sie nach dem sagenhaften Weiher. Eine vergebliche Schatzsuche um 1860 ist sogar belegt.

An die Schatzgräber erinnerte sich auch die Stadt Essen, als sie 1911 den Brunnen beim Bildhauer Joseph Enseling in Auftrag gab. Auf dem circa vier Meter hohen Steinbrunnen thront ein auf einer Kugel sitzender Knabe, der einen Spaten und eine Spindel in seinen Händen hält. Der Schatzgräberbrunnen soll die Dankbarkeit der Stadt gegenüber Margarethe Krupp, die die Siedlung bauen ließ, zum Ausdruck bringen. Die Inschrift »Grabt Schätze nicht mit Spaten, sucht sie in edlen Taten« verweist daher auf die Großmütigkeit Margarethe Krupps, die die Stadt durch ihre Siedlung bereicherte. Denn ein einziger architektonischer Schatz ist die Margarethenhöhe tatsächlich. Und wer weiß – vielleicht schlummern ja tatsächlich diverse Reichtümer unter ihr.

Adresse Kleiner Markt, 45149 Essen-Margarethenhöhe | **ÖPNV** U-Bahn U17, Haltestelle Laubenweg | **Pkw** A52, Ausfahrt Essen-Haarzopf, Richtung Essen-Margarethenhöhe, nach circa 1 Kilometer rechts auf Sommerburgstraße, nach circa 1,7 Kilometern rechts auf Laubenweg, nach circa 50 Metern links auf Steile Straße, geradeaus weiter auf Kleiner Markt | **Tipp** Direkt an die Margarethenhöhe grenzt der Grugapark. In ihm findet sich unter anderem das »Romanische Haus« aus dem 12. Jahrhundert. Der historische Bau soll einer weiteren Sage nach eine unterirdische Verbindung zur Sommerburg besessen haben.

50 — Ignatius Fortunas Grab
Ihrem Diener auch nach dem Tod zu Diensten

Mit Statussymbolen bringt man seinen gesellschaftlichen Rang zum Ausdruck. Wollte man ab dem 17. Jahrhundert etwas Besonderes für sein Renommee, war es daher üblich, sich Kammermohre zuzulegen. Hierbei handelte es sich um Menschen dunkler Hautfarbe, die als Diener bei Hofe lebten. Man kleidete sie in prunkvolle Gewänder und hielt sie als exotische Prestigeobjekte stets in der Nähe.

Ignatius Fortuna war der Kammermohr der Essener Fürstäbtissin Franziska Christine von Pfalz-Sulbach. Er kam 1735 mit elf Jahren als Geschenk eines Essener Kaufmanns aus Suriname in Südamerika an das damalige Frauenstift. Im Gegensatz zu anderen Kammermohren wurde Ignatius Fortuna mit circa 65 Jahren nicht nur besonders alt, er genoss auch zeit seines Lebens ein hohes Ansehen. Die Fürstäbtissin pflegte sogar ein so inniges Verhältnis zu ihm, dass sie auch für die Zeit nach ihrem Tod für sein Wohl sorgte. So stand ihm lebenslanges Wohnrecht und kostenlose Verpflegung in dem von ihr gegründeten Waisenhaus zu. Er durfte sogar am Tisch des Rentmeisters speisen. Auch mit Ignatius' Tod 1789 endete das innige Verhältnis nicht. Die Fürstäbtissin hatte testamentarisch verfügt, ihn in ihrer Nähe beizusetzen.

So ruht Ignatius Fortuna nun in der Residenzkapelle der Fürstin-Franziska-Christine-Stiftung, dem alten Waisenhaus, in Steele. Zusammen mit dem Schloss Borbeck, in dem die Fürstin residierte, ist das dreiflügelige Objekt das einzige noch erhaltene säkulare Bauwerk in Essen aus dieser Zeit.

Die Residenzkapelle bildet das zentrale Element des Gebäudekomplexes. Sie besticht von außen durch ihren Zwiebelturm und das gekrönte Stiftswappen über dem mächtigen Portal. Innen überzeugt sie durch den Barockschmuck und die detailreichen Wandgemälde. Im Mittelgang weisen Bodenplatten auf die darunterliegende Gruft der Fürstäbtissin und auf die Grabstätte Ignatius Fortunas direkt unterhalb des Turmes.

Adresse Steeler Straße 642–646, 45276 Essen-Steele | **ÖPNV** S-Bahn S 1, S 3, S 9, 103, 109, Haltestelle Essen-Steele | **Pkw** A 52, Ausfahrt Essen-Bergerhausen, auf B 227 Richtung Essen-Zentrum, rechts auf Huttropstraße, nach circa 700 Metern rechts auf Steeler Straße | **Tipp** Das Hünninghausenviertel rund um den Hünninghausenweg ist ein historisches Stadtquartier südlich der Steeler Altstadt. Es ist fußläufig erreichbar und besticht durch seine vielen denkmalgeschützten Häuser. Von hier ist auch das Ruhrufer nicht weit.

51 Das Moltkeviertel
Kunst nahe Gustav Heinemanns Heimat

Mit dem Bergbau kamen nicht nur Arbeitskräfte nach Essen, auch der Wohlstand kehrte ein. Plötzlich fehlte es an Wohnsiedlungen für die bürgerliche Mittelschicht. Also plante man ab 1908 das Moltkeviertel. Es kam dem Konzept einer Gartenstadt sehr nahe. Große Gärten, öffentliche Grünflächen, ja sogar Tennisplätze. Beim künstlerischen Städtebau gab man sich Mühe und versuchte, dies auch in die Straßennamen einfließen zu lassen – so benannte man sie weitestgehend nach großen Architekten. Im Stil der Reformarchitektur entstanden Villen, Reihenhäuser, Kirchen und kleinere Gewerbebetriebe. Eine harmonische Mischung, die noch heute dem Viertel seinen Charme verleiht und schon damals Prominenz anzog. So lebte unter anderem Bundespräsident Gustav Heinemann während seiner Amtszeit als Essener Bürgermeister in der Schinkelstraße.

Als Tor zum Viertel galt die Moltkebrücke. Die puttenbesetzte Muschelkalküberführung ist noch heute die schönste Brücke der Stadt. Sie weist den Weg direkt auf das dominante Gebäude der Königlichen Baugewerkschule Essen, das auf leicht erhabenem Platz und mit markantem Uhrenturm als Wahrzeichen des Viertels gilt. Eine Erhaltungssatzung regelt mittlerweile den Fortbestand der historischen Bauten, von denen viele unter Denkmalschutz stehen.

Ab 1981 begann man, das Viertel durch ein Skulpturenensemble weiter aufzuwerten. Hierfür dient vor allem der Moltkeplatz als Präsentationsfläche. Diverse Großobjekte verschiedener Künstler säumen den Platz. Auffälligste Skulptur ist sicherlich das »Denkmal« von Gloria Friedmann – ein abgestorbener Baum, eingegossen in eine rote Betonstele. Insgesamt finden sich 15 Installationen im gesamten Viertel. Zudem wird das Skulpturenensemble durch Objekte junger Künstler ergänzt. Der Verein »Kunst am Moltkeplatz« bietet entsprechende Führungen an, bei denen auch Gustav Heinemanns Haus begutachtet werden kann.

Adresse Moltkeplatz, 45138 Essen-Südostviertel, www.kunst-am-moltkeplatz.de | **ÖPNV** Bus 193, Haltestelle Helbingstraße | **Pkw** A 52, Ausfahrt Essen-Bergerhausen, auf B 227 Richtung Essen-Zentrum, links auf Moltkestraße, nach circa 550 Metern rechts auf Moltkeplatz | **Tipp** An der Sedanstraße 46 befindet sich die Jüdische Kultusgemeinde Essen. Ihre Synagoge ist ein beeindruckender Kuppelbau.

ESSEN-ÜBERRUHR

52 Das Wichteltal
Ein Leuchtturm für den Holteyer Hafen

Direkt an der Ruhr gelegen, erfuhr auch das idyllische Wichteltal früher eine wirtschaftliche Nutzung. Bereits ab dem 17. Jahrhundert förderte hier die Zeche Mönkhoffsbank, von der das circa 1830 errichtete Schachtgebäude sowie die zum Bergwerk gehörende Schmiede noch heute teilweise vorhanden sind. Während Letztere nun als Wohnhaus genutzt wird, sind Fragmente des Bruchsteinhauses der Zeche überwuchert und schmiegen sich an den Rand des Rad- und Wanderwegs, der durch das Wichteltal führt.

Die Zeche lieferte ihre Kohlen direkt an den circa 500 Meter nördlich gelegenen Holteyer Hafen. Auch er ist noch in Teilen erhalten. Zwar ist die 1837 errichtete Hafenanlage zurückgebaut worden, aber das Hafenbecken und die als Hafeneingang dienende Steinbogenbrücke fügen sich noch immer in die Kulisse des Wichteltals ein. Der Holteyer Hafen war der erste richtige Hafen an der Ruhr. Denn im Gegensatz zu den schon vorhandenen Anlegestellen besaß er ein vom Flusslauf abgetrenntes Hafenbecken. Er diente den Schiffen bei Unwetter, Eisgang, Niedrig- und Hochwasser als Zufluchtsstätte. Durch die zunehmende Verlagerung des Kohletransports vom Wasser- auf den Schienenweg wurde er 1880 stillgelegt.

Über die Bogenbrücke aus Ruhrsandstein führte einst der Treidelpfad, auf dem man über Seile die Ruhrschiffe flussaufwärts zog. Als eine der wenigen Stellen an der Ruhr ist im Wichteltal das Original-Kopfsteinpflaster des historischen Weges noch auf einem kleinen Abschnitt erhalten.

Das alte Hafenbecken dient nun als Angelrevier und wird von einem Paddelverein genutzt. Als Teil des Kunstpfads Ruhr findet sich neben ihm eines von 17 Kunstobjekten – der »Leuchtturm«, ein mit bunten Plexiglasplatten versehener Strommast. Doch zwischen Hafenbecken und alter Zeche befindet sich auch für Kinder noch eine Hauptattraktion im Wichteltal – ein Tiergehege mit großem Ziegenbestand.

Adresse Wichteltal, 45277 Essen-Überruhr | **ÖPNV** Bus SB 15, Haltestelle Heuweg | **Pkw** A 52, Ausfahrt Essen-Bergerhausen, auf B 227 links in Richtung Velbert, nach circa 2 Kilometern links auf Konrad-Adenauer-Brücke, nach circa 2,3 Kilometern rechts auf Überruhrstraße, 2. links auf Mönkhoffstraße, circa 300 Meter bis Wichteltal | **Tipp** Von der Mönkhoffstraße aus ist sowohl der Ludwig-Kessing-Park hoch über der Ruhr als auch die Friedenskapelle mit ihrer ungewöhnlichen Optik zu erreichen.

53 _ Die Kunst am Baum

Die Berger Anlagen überzeugten schon Napoleon

Kunst am Bau war gestern. Heute betreibt man Kunst am Baum. Zumindest auf den Berger Anlagen rund um das Schloss Berge. Initiiert wurde die ungewöhnliche Skulpturenlandschaft 1993 vom Gelsenkirchener Kunstverein. Dafür nutzte man vor Ort tote oder vom Umstürzen bedrohte Bäume und schuf aus ihnen Objekte, die eine Verbindung zwischen Kunst und Natur herstellen. Der Verwitterungsprozess des Holzes wird dabei bewusst in Kauf genommen, um auf die Vergänglichkeit des Seins hinzuweisen. So sind einige »Kunst am Baum«-Objekte mittlerweile kaum noch als solche zu erkennen, da der Zahn der Zeit teilweise seit 20 Jahren an ihnen nagt. Doch mit der Vergänglichkeit geht auch das Entstehen von etwas Neuem einher. So versteht sich die Sammlung als fortlaufender Prozess, indem jedes Jahr ein neues Objekt hinzugefügt wird, während die bereits vorhandenen durch die Witterung weiter geformt werden.

Über 20 Baumskulpturen sind so bereits entstanden und fügen sich in den natürlichen Baumbestand der Grünanlage ein. Diese ist circa 73 Hektar groß und umfasst das Wasserschloss Berge. Das Herrenhaus im Stil des Spätbarocks genoss in den Jahren 1785 bis 1788 einen umfangreichen Umbau, wodurch klassizistische Elemente ergänzt wurden. Der noch heute erhaltene Charme des Schlosses überzeugte sogar einst Napoleon, der es als zeitweilige Unterbringung während seiner »Reisen« nutzte. Ein französischer Rokokogarten schließt sich im Südwesten an das Schloss an, während die Prachtallee vom Hauptportal aus eine Sichtachse zum Berger See bildet. Dieser lockt mit einem Bootsverleih und einem langen Rundweg. Von hier lassen sich auch die nördlich gelegenen Grün- und Liegeflächen sowie das imposante Ehrenmal für die Gefallenen des Ersten Weltkriegs und der Ruhrbesetzung erreichen. Die Baumskulpturen ergänzen die Parkanlage zu einem gelungenen Gesamtensemble.

Adresse Adenauerallee 103, 45894 Gelsenkirchen-Buer | **ÖPNV** Bus 380, 381, Haltestelle Adenauerallee | **Pkw** A 2, Ausfahrt Gelsenkirchen-Buer, im Kreisverkehr 1. rechts, dann links auf Adenauerallee | **Tipp** Circa einen Kilometer westlich der Berger Anlagen liegt die Halde Rungenberg. Sie überzeugt abends mit einer tollen Lichtinstallation.

GELSENKIRCHEN-BUER

54_ Die Via Matris
Eine Sühnekapelle für was eigentlich?

Die Sieben hat im Christentum eine starke symbolische Bedeutung. Neben den sieben Bitten des Vaterunsers spricht man unter anderem auch von sieben Schmerzen, die Maria um ihren Sohn Jesus erleiden musste. Die Westerholter Gräfin Henrika von Aschebroick zu Schönebeck ließ zum Gedenken an diese Schmerzen 1723 eine Marienkapelle im Westerholter Wald bauen. Seit 2008 wird die sogenannte Sieben-Schmerzen-Kapelle durch die sogenannte Via Matris, den Weg der Mutter, ergänzt.

Es handelt sich dabei um einen Stationenweg, der die Leiden Marias darstellt. Sieben Granitstelen säumen den circa 70 Meter langen Weg, denen gegenüber jeweils ein Steinblock liegt. Er soll zum Verweilen, Meditieren, Beten oder Ausruhen einladen. Geschaffen wurden die Steinarbeiten von der Bildhauerin Christiane Hellmich. Der Künstler Helmut Schilcher ergänzte die Stelen jeweils durch eine dort eingelassene Bronzegusstafel. Sie führen mit biblischen Szenen die sieben Schmerzen Marias auf. Angefangen mit der »Darstellung Jesu im Tempel« bis zur letzten Station »Grablegung Jesu« führt die Via Matris im leicht geschwungen Bogen auf die Kapelle zu.

Um den Grund für die Errichtung des kleinen Gotteshauses ranken sich verschiedene Gerüchte. In einem heißt es, die Gräfin ließ es zur Sühne errichten, da 1706 die Westerholterin Anna Spiekermann Opfer der Hexenverfolgung wurde. Ein anderes Gerücht behauptet, es sei eine Sühnekapelle für die blutige Fehde zwischen den Grafen Westerholt und Berge im Jahr 1564. Am wahrscheinlichsten ist jedoch, dass Gräfin Henrika von Aschebroick zu Schönebeck die Kapelle aus Trauer um ihren 1707 verstorbenen Mann errichten ließ.

Nach Wiederaufbau wegen Sturmschäden 1940 und Sanierungsarbeiten 2001 ist auch der Neubau ein klerikales Kleinod inmitten des Westerholter Waldes und dient noch immer Prozessionen und Andachten. Die Via Matris klärt nun zudem über die sieben Schmerzen auf.

Adresse Westerholter Straße, Höhe Ostring, 45894 Gelsenkirchen-Buer, www.siebenschmerzen-kapelle.de | **ÖPNV** Bus SB 23, Haltestelle Max-Planck-Gymnasium | **Pkw** A 2, Ausfahrt Gelsenkirchen-Buer, im Kreisverkehr 2. links, rechts auf Kurt-Schumacher-Straße, nach circa 650 Metern rechts auf Vom-Stein-Straße, weiter auf Ostring bis Ecke Westerholter Straße | **Tipp** Circa drei Autominuten gen Norden befindet sich rund um den Platz Spinnstuhl die alte Siedlung Spinnstuhl. Sie repräsentiert anschaulich das »Neue Bauen« der 1920er Jahre.

GELSENKIRCHEN-HORST

55 Die alte Galopprennbahn
Eine Viehweide wird letztendlich Golfanlage

Mit dem letzten Renntag am 4. Oktober 2002 wurde das Kapitel der Galopprennbahn in Horst geschlossen, und eine 107-jährige Ära ging zu Ende. Zwar lebt die Tradition des Pferdesports auf der nahe gelegenen Trabrennbahn fort, doch Galopp ist nun mal was anderes als Trab, und die Trauer war entsprechend groß.

Dabei schienen die Voraussetzungen für ein Fortbestehen über Jahrzehnte günstig. Das Horster Rund war Deutschlands größte Galopprennbahn und sorgte regelmäßig für volle Ränge auf ihren Tribünen. Angefangen hatte es bereits 1895 als kleines lokales Rennereignis auf den Viehweiden des Horster Schlosses. Ein Rennverein unter dem Vorsitz von Rudolf Rose war schnell gegründet. Zusammen mit dem damaligen Schlossbesitzer, dem Freiherrn von Fürstenberg, baute dieser die Viehweide zur Rennbahn aus. Im internationalen Pferdesport etablierte sie sich als eine wichtige Stammstrecke, und die bekanntesten Pferderennen wurden hier ausgetragen: Zu Saisonbeginn fand das Henkel-Rennen sowie ab 1957 als Höhepunkt der zur Europa Gruppe 1 gehörende Aral-Pokal und die »Silberne Peitsche« statt. Beendet wurde schließlich jede Saison mit dem spektakulären, über 6.900 Meter langen Underberg-Jagdrennen.

Doch mit der Verschuldung des Rennvereins kam schließlich das Aus. Unmittelbar hinter dem Schloss gelegen, war eine neue Umnutzung für das Gelände jedoch schnell gefunden. Die alten Tribünen wurden niedergerissen und durch Wohnungsneubauten ersetzt. Den weitläufigen Innenraum gestaltete man zu einem 9-Loch-Golfplatz um. Doch ließ man das alte Waagehaus stehen und setzte einen Gedenkstein für Rudolf Rose daneben. Die alte Streckenführung der Bahn wurde ebenfalls bewahrt und ist nun durch einen Fußgängerrundweg erschlossen. Dort erkennt man noch teilweise die alten Sprunggräben. Und auch auf dem Golfplatz sind Hecken erhalten geblieben, die einst als Hindernisse dienten.

Adresse Am Bowengarten, Höhe An der Rennbahn, 45899 Gelsenkirchen-Horst | **ÖPNV** Straßenbahn 301, U-Bahn U 11, Bus SB 36, 257, 259, 260, 383, 396, Haltestelle Schloss Horst | **Pkw** A 42, Ausfahrt Gelsenkirchen-Heßler/Essen-Katernberg, Richtung Gelsenkirchen-Horst, nach circa 1 Kilometer links auf Grothusstraße, weiter auf An der Rennbahn, dann rechts in Am Bowengarten | **Tipp** Circa 600 Meter südlich beginnt der Nordsternpark. Durchflossen von Emscher und Rhein-Herne-Kanal, bietet er vielfältige Erholungsmöglichkeiten.

GELSENKIRCHEN-HORST

56 Das Schloss Horst
Lipperenaissance modern verpackt

Der Emscherbruch war einst eine Sumpflandschaft, in der noch Wildpferde beheimatet waren. Die sogenannten »Emscherbrücher Dickköppe« lebten bis in die 1840er in den hiesigen Niederungen zwischen Bottrop und Waltrop. Das Schloss Horst ging aus einer Hofanlage des 11. Jahrhunderts hervor, deren Bewohner wahrscheinlich vom Fang der wilden Hauspferde lebten. Doch bereits ab dem 12. Jahrhundert war es im Besitz der Herren von Horst, die es im Laufe der Zeit zum Rittersitz ausbauten.

Das heutige Schloss Horst geht jedoch aus einem Neubau der 1550er Jahre hervor. Das als vierflügeliger Quaderbau mit großem Innenhof konzipierte Schloss galt damals als das größte seiner Art nördlich der Alpen. Für den typischen Stil der Anlage mit ihren überdimensionierten Beschlagwerken prägte der Essener Kunsthistoriker Richard Klapheck 1912 den Begriff Lipperenaissance. Er findet sich nur in einigen wenigen anderen Bauten der Lipperegion wieder, wobei der Impuls des Baustils jedoch vom Horster Schloss ausging.

Doch der unsichere Baugrund des sumpfigen Emscherbruchs hatte bereits im 18. Jahrhundert umfangreiche Reparaturen notwendig gemacht. Ganze Fassaden und Turmelemente wurden abgetragen und erneuert. Dennoch stürzte 1830 der Westturm ein, 1833 folgte der Nordturm und 1843 auch noch der Südturm.

1994 bis 1999, mittlerweile im Besitz der Stadt, wurde das Schloss restauriert. Der Architekt Jochem Jourdan integrierte gekonnt die vorhandenen alten Gemäuer in Neubauelemente. Der historische Innenhof wirkt nun durch seine gläserne Überdachung wie eine beeindruckende Halle.

Untergebracht ist in den Räumlichkeiten neben dem Standesamt und einer Gastronomie das Museum Schloss Horst, welches die Geschichte der Anlage anschaulich wiedergibt. Trotz der großen Verluste an Bausubstanz zählt das Schloss noch heute zu den wichtigsten und ältesten Renaissancebauten in Westfalen.

Adresse Turfstraße 21, 45899 Gelsenkirchen-Horst | **ÖPNV** Straßenbahn 301, U-Bahn U 11, Bus SB 36, 257, 259, 260, 383, 396, Haltestelle Schloss Horst | **Pkw** A 42, Ausfahrt Gelsenkirchen-Heßler/Essen-Katernberg, Richtung Gelsenkirchen-Horst, nach circa 1 Kilometer links auf Grothusstraße, weiter auf An der Rennbahn bis Turfstraße | **Öffnungszeiten** Mo – Fr 15 – 18 Uhr, So 10 – 18 Uhr, Sa geschlossen | **Tipp** In dem unter Denkmalschutz stehenden ehemaligen Sparkassengebäude direkt neben dem Schloss befindet sich das Willi Dickhut Museum. Der Mitbegründer der Marxistisch-Leninistischen Partei Deutschlands war in der Arbeiterbewegung aktiv, die hier anschaulich aufbereitet ist.

57 — Die Fleuthebrücke

… und der Gahlen'sche Kohlenweg

Die Fleuthe war einst ein kleiner Grenzbach zwischen Herne und Gelsenkirchen und linker Zufluss der Emscher. Als man die Emscher kanalisiert nach Norden verlegte und 1914 den Rhein-Herne-Kanal in ihrem alten Flussbett baute, versiegte das Gewässer. Rudimentär ist der damalige Bachlauf nur noch entlang eines circa 100 Meter langen Teilstücks zu erkennen. Noch erhalten ist jedoch die sich einst über die Fleuthe streckende Steinbogenbrücke – die Fleuthebrücke.

1853 erbaut, war sie Teil des Gahlen'schen Kohlenwegs. Die Handelsroute bestand seit 1768 und galt als die erste befestigte Straße des mittleren Ruhrgebiets. Der Bergbau steckte damals noch in den Kinderschuhen, und die Ruhr, der dem Kohleabbaugebiet am nächsten liegende Fluss, war noch nicht schiffbar. Daher transportierte man das schwarze Gold aus Bochum und Hattingen über den Gahlen'schen Kolenweg zur nördlichen Lippe. Über den Lippehafen in Gahlen erschlossen sich nun die Handelswege nach Holland und Kleve per Schiff. Aufgrund des hohen Transportaufkommens baute man ab 1815 den Kohlenweg zu einer acht Meter breiten Straße aus.

Als Mitte des 19. Jahrhunderts sowohl die Landwege ausgebaut wurden als auch die Ruhr schiffbar wurde, verlor der Gahlen'sche Kohlenweg an Bedeutung. Auch als die aus Ruhrsandstein gebaute Fleuthebrücke als Teil des Kohlenwegs entstand, hatte dieser seine Blütezeit schon hinter sich. Auf Gelsenkirchener Stadtgebiet entspricht die heutige B 226 ungefähr der alten Streckenführung. Die Fleuthebrücke ist das letzte Relikt der alten Handelsroute. 1994 sanierte man sie und stellte sie unter Denkmalschutz. Der Wanderparkplatz in unmittelbarer Nähe deutet schon an, dass sich von der Fleuthebrücke aus diverse Streifzüge in die umliegende Resser Mark anbieten. Die Brücke selbst ist nun als Fußgänger- und Radwegbrücke in das hiesige Wandernetz integriert.

Adresse Willy-Brandt-Allee, Höhe Dorstener Straße, 45892 Gelsenkirchen-Resser Mark, www.gahlenscher-kohlenweg.de | **ÖPNV** Bus 342, Haltestelle Fleuthebrücke | **Pkw** A 2, Ausfahrt Gelsenkirchen-Buer, Richtung Zentrum, rechts auf die Adenauerallee, links auf die Willy-Brandt-Allee | **Tipp** Jenseits des Rhein-Herne-Kanals liegt fußläufig die ZOOM-Erlebniswelt. Der Tierpark besticht durch seine großen Gehege und die authentisch nachgebauten Lebensräume.

GELSENKIRCHEN-ÜCKENDORF

58 Der Almaring
Ein Motodrom für jedermann

Fußball, Taubensport, Schrebergarten – die typischen Hobbys des Ruhrgebietlers. Doch in Gelsenkirchen lässt sich dieses Klischee noch auf den Autorennsport erweitern. Denn zwischen den rauchenden Schloten der Montanindustrie fand sich hier ab 1969 ein Kleinod für Amateurrennfahrer. Die »Rheinländische Altwagen-Gemeinschaft« hatte mit dem Bau des Motodroms Gelsenkirchen eine Rennstrecke für jedermann geschaffen. Gas geben durften alle, die einen fahrbaren Untersatz ihr Eigen nennen konnten. Ausgetragen wurden dabei meistens Altwagenrennen. Dafür machte man schrottreife Autos wieder fahrtauglich und ließ sie hier ihren letzten Siegeszug feiern. Auf der nur 750 Meter langen Rundstrecke wurden bis 1984 regelmäßig Rennen gefahren.

Gebaut wurde das Motodrom auf dem alten Gelände der Kokerei Alma. Diese hatte man nach ihrer Stilllegung 1963 abgerissen. Das brachliegende Areal bot nun ideale Voraussetzungen für die neue Freizeitgestaltung. Bis zu 200 Teilnehmer und unzählige Zuschauer fanden sich an Renntagen ein. Selbst aus dem Ausland reisten regelmäßig Fahrer an. 1977 tauschte man sogar den Schotterbelag gegen Asphalt und ergänzte das Wettkampfangebot um Speedway-Rennen.

Aufgrund der hohen Geräuschkulisse durch Lautsprecherdurchsagen, des großen Publikumsverkehrs und nicht zuletzt durch Motorenlärm nahmen die Beschwerden der Anwohner zu. Mit Ende der Rennsaison 1984 beugte man sich dem öffentlichen Druck und schloss das Kapitel der Gelsenkirchener Rennfahrerei.

Das im Volksmund nur Almaring genannte Motodrom wurde anders als die Kokerei nicht abgebaut, sodass die Rennstrecke noch heute existiert. Da man sie sich selbst überließ, hat hier nun die Natur das letzte Rennen gewonnen. Zwischen dem dicht wachsenden Birkenhain ragen nun noch Leitplanken und alte Autoreifen hervor. Zudem zeugen Markierungen auf der Asphaltbahn noch von dem einstigen Treiben.

Adresse Almastraße 127, 45886 Gelsenkirchen-Ückendorf | **ÖPNV** Bus 383, Haltestelle Almastraße | **Pkw** A 40, Ausfahrt Gelsenkirchen-Süd, auf B 227, circa 4 Kilometer links auf Ückendorfer Straße, direkt rechts auf Almastraße, bis Ende durchfahren | **Tipp** Das Hans-Sachs-Haus in der Vattmannstraße wurde 2013 wiedereröffnet. Der imposante Bau im Stil des Backsteinexpressionismus gilt als eines der Wahrzeichen der Stadt.

GELSENKIRCHEN-ÜCKENDORF

59 Die Himmelsleiter
Eine brennende Bergehalde mit alten Zechentrümmern

Zu Zeiten des aktiven Zechenwesens wurde der unter Tage anfallende Abraum, die sogenannte Berge, bergwerksnah zu Halden aufgetürmt. So entstanden im Laufe der Jahrzehnte Dutzende Bergehalden im Ruhrgebiet. Da der Restkohleanteil im Abraum jedoch bis zu 20 Prozent beträgt, entzündeten sich bei entsprechendem Druck und Sauerstoffzufuhr manche Halden. Auch die Halde Rheinelbe gilt als eine »brennende Halde« und weist in ihrem Innern einen Schwelbrand mit Temperaturen bis zu 400 Grad Celsius auf. Doch ist das kein Grund zur Sorge. Sie kann völlig unbekümmert zur Naherholung genutzt werden.

Um sie optisch aufzuwerten, installierte man auf ihrem Scheitel die sogenannte Himmelsleiter. Die Skulptur des Recklinghäuser Künstlers Herman Prigann bildet nun die weit sichtbare Landmarke der künstlichen Aufschüttung. Diese wurde noch bis 1999 als Abladehalde genutzt, obwohl die dazugehörige Zeche Rheinelbe bereits 1928 geschlossen wurde. Doch wurde ihr im Laufe der Jahre nicht nur von anderen Zechen Berge zugeführt, sondern auch wieder entnommen – dann nämlich, wenn sich ihr Abraum als Wertstoff verwenden ließ.

Im Rahmen der Internationalen Bauausstellung Emscher Park begann man, die Halde Rheinelbe in die umgebenden öffentlichen Grünanlagen zu integrieren. So ist sie zum Osten hin mit dem Von-Wedelstaedt-Park verbunden und findet im Westen Anschluss an den Rheinelbepark. Zudem wird sie von einem Radweg durchzogen. Dieser teilt die Halde in einen nördlichen und einen südlichen Bereich. Der nördliche Abschnitt ist komplett bewaldet und wird durch Skulpturen, ebenfalls von Herman Prigann, aufgewertet.

Priganns auffälligstes Objekt thront jedoch auf dem 35 Meter hohen, südlichen Haldenkegel, der über spiralförmige Wege erschlossen werden kann. Trümmer aus einer Dortmunder Zeche wurden zu der zehn Meter hohen Skulptur Himmelsleiter aufgeschichtet.

Adresse Leithestraße, Höhe Hövelmannstraße, 45886 Gelsenkirchen-Ückendorf | **ÖPNV** Bus 389, Haltestelle Virchowstraße | **Pkw** A 40, Ausfahrt Gelsenkirchen-Süd, auf B 227, 1. rechts auf Kemnastraße, nach circa 600 Metern links auf Gelsenkirchener Straße, weiter auf Leithestraße | **Tipp** Am südöstlichen Fuß der Halde liegt das Wattenscheider Lohrheidestadion. Dahinter findet man den Förderturm der ehemaligen Zeche Holland.

60 Der Wittringer Wald
Naherholung am Wasserschloss mit Mahnmal

Der Bergbau ließ die Bevölkerungszahl Gladbecks schnell ansteigen – aus der vormals kleinen Gemeinde wurde 1919 mit Überschreiten der 60.000-Einwohner-Marke eine Stadt. Die frischgebackene Stadt wollte ihren vor allem aus Zechenarbeitern bestehenden Bürgern möglichst viel Naherholung bieten. Also kaufte man dem adligen Besitzer 1922 den zum Wasserschloss Wittringen gehörenden Wald ab und baute ihn im Stil eines englischen Landschaftsparks um. Was damals »Volkserholungsanlage Wittringen« genannt wurde, bietet noch heute facettenreiche Freizeitmöglichkeiten.

Da wären zum Beispiel ein Streichelzoo, eine Bogenschießanlage, ein Parklehrpfad, diverse Spiel- und Bouleplätze, selbstverständlich Liegewiesen und das unter Denkmalschutz stehende Gladbecker Stadion mit angeschlossenem Freibad. Besonders hervorzuheben wären noch das Wasserschloss selbst und das Ehrenmal.

Der Rittersitz ist schon seit dem 13. Jahrhundert beurkundet – der nun zu besichtigende Schlossbau stammt allerdings aus dem 17. und 18. Jahrhundert. Er liegt auf einer rechteckigen Insel mitten im See und beherbergt unter anderem das Gladbecker Stadtmuseum. Etwas nördlich der Schlossanlage findet sich mitten im Wald der Ehrenmalteich. An dessen Ufer setzte man 1933 ein imposantes Denkmal. 65 Meter beträgt der Durchmesser der beachtlichen Gedenkstätte. Umsäumt wird sie von einer circa sieben Meter hohen, arkadenartigen Mauer mit 16 Spitzbögen, die ihr etwas Monumentales verleiht. Ursprünglich errichtete man das Denkmal zu Ehren der gefallenen Soldaten des Ersten Weltkriegs, schloss später aber auch alle Toten des Zweiten Weltkriegs mit ein.

Das Wechselspiel zwischen landschaftlichen und architektonischen Reizen gepaart mit den vielen Freizeitangeboten macht die Freizeitstätte Wittringen zu einem beliebten Naherholungsgebiet. Umrahmt wird sie von der 4,2 Kilometer langen »Marathonstrecke«.

Adresse Burgstraße 64, 45694 Gladbeck-Wittringen | **ÖPNV** Bus 189, Haltestelle Stadion Gladbeck | **Pkw** A 2, Ausfahrt Essen/Gladbeck, links auf die Essener Straße, links in die Bohmertstraße, rechts in die Burgstraße | **Öffnungszeiten** Stadtmuseum Gladbeck Di – So 11 – 18 Uhr | **Tipp** Südlich des Wittringer Waldes befindet sich die Halde Mottbruch. Sie wird noch heute genutzt, wobei sie bewusst zu einer kleinen Vulkanlandschaft mit Krater aufgeschüttet wird, die der Öffentlichkeit nach Betriebsschluss präsentiert werden kann.

HAGEN-BOELE

61 Die Lennemündung
… und der Hengsteysee als Geschiebefang

Ohne die Lenne wäre die Ruhr vielleicht nicht der bedeutende Fluss geworden, der sie heute ist. Denn die Lenne führt als größter Nebenfluss der Ruhr mehr Wasser mit sich als alle anderen Ruhrzuflüsse zusammen. Mit ihrem Zufluss sorgt sie sogar nahezu für eine Verdopplung der Wassermenge der Ruhr. Dies begünstigte vor allem die Ruhrschifffahrt, da die typischen Plattbodenschiffe zum Kohletransport, die sogenannten Ruhraaken, bis zur Lennemündung eine entsprechende wirtschaftliche Größe aufweisen konnten.

Am Kahlen Asten entspringend und durch das Sauerland fließend, ist die Lenne ein relativ schneller Gebirgsfluss. Dies brachte jedoch den Nachteil mit sich, dass sie viel Schotter und Geröll, sogenanntes Geschiebe, mit sich führte, welches auch von der Ruhr fortan flussabwärts geschwemmt wurde und die Schifffahrtswege zusetzte. Ab 1926 baute man daher unterhalb der Lennemündung den Hengsteysee, um ihn unter anderem als Geschiebefang, aber auch zur Flussklärung und Energiegewinnung zu nutzen. Mittlerweile haben sich die Lennemündung und der Stausee als Naherholungsgebiet etabliert. Der See lässt sich durch sein Stauwehr und eine Brücke zu Fuß oder per Rad komplett umrunden. Und auch an der Lennemündung gibt es dank einer kleinen Halbinsel, die von hier in den Hengsteysee hineinragt, einen Rund- und Wanderweg. Unmittelbar vor der Mündung der Lenne flussaufwärts befindet sich eine Spiel- und Liegewiese.

Eine Stahlfachwerkeisenbahnbrücke bildet einen architektonischen Kontrast zum landschaftlichen Idyll. Dieses kann auch vom Wasser aus genossen werden, da sich auf der Halbinsel sowohl ein Anleger des Rundfahrtschiffs »Freiherr vom Stein« als auch ein Ruderbootsverleih befindet.

Übrigens: Die wasserreiche Lenne ist mit circa 129 Kilometern wesentlich länger als die Ruhr bis zur Lennemündung. Die Ruhr hat bis dahin erst knapp 92 Kilometer zurückgelegt.

Adresse Dortmunder Straße 98, 58099 Hagen-Boele | **ÖPNV** Bus 544, Haltestelle Hengsteysee | **Pkw** A 1, Ausfahrt Hagen-Nord, Richtung Dortmund auf Dortmunder Straße, nach circa 1,5 Kilometern links Wanderparkplatz nutzen | **Tipp** In Hagen-Hohenlimburg gibt es im Flusslauf der Lenne einen Wildwasserpark, der vom hiesigen Kanu-Club betreut wird.

HAGEN-EILPE

62 — Die Lange Riege
Die älteste Arbeitersiedlung Westfalens

Solingen war schon seit dem Spätmittelalter eine Schwertschmiedehochburg. Weltweit ist Solingen sogar als einziger Städtename rechtlich geschützt – er ist der Inbegriff der Klingenschmiedekunst. Auch der große Kurfürst Friedrich Wilhelm von Brandenburg wusste die Schwertschmiedequalität aus dem Bergischen Land zu schätzen. 1661 nutzte er die anhaltenden Wirren des 1648 beendeten Dreißigjährigen Krieges und warb einige Solinger Klingenschmiede ab, um auf seinem Territorium, der Grafschaft Mark, hochwertige Waffen herstellen zu lassen. Sie sollten fortan in Eilpe ihr Können unter Beweis stellen.

Der Selbecker Bach eignete sich durch seine Fließgeschwindigkeit ideal für den Antrieb der Schmiedehämmer. So ließ der Kurfürst entlang des Bachlaufs in einer langen Reihe, der langen Riege, Werkstätten und Wohnungen für die Solinger Schmiede errichten. Die Lange Riege gilt mittlerweile als älteste Arbeitersiedlung Westfalens und ist noch vollständig erhalten. Im Laufe der Zeit gab es zwar einige bauliche Veränderungen – so sind etwa die rückwärtigen Stallungen und Aborte nicht mehr erhalten –, dennoch ist das historische Ensemble einmalig in seiner Art und ein wichtiger Zeuge der Eilper Geschichte.

Sieben Fachwerkhäuser reihen sich in der Langen Riege aneinander. In ihnen waren Schleifkotten, Stahlhämmer, Härtehütten, Recken und Schleifsteine untergebracht. Durch die Nähe der einzelnen Produktionsstandorte war eine hohe Arbeitseffizienz gegeben, und die Qualität der Waren machte die Eilper Schmieden auch über die Grafschaft und Brandenburg-Preußen hinaus bekannt.

Die Eilper Klingenschmiedekunst hielt bis ins 19. Jahrhundert. 1899 schloss die letzte Schmiede am Selbecker Bach. Die Lange Riege bildet mit ihrer 350-jährigen Geschichte nun ein bedeutendes Kulturdenkmal. Lediglich der Bach ist auf Höhe der Langen Riege nicht mehr sichtbar. Er liegt verrohrt unter dem angrenzenden Bleichplatz.

Adresse Riegestraße 6–18, 58091 Hagen-Eilpe | **ÖPNV** Bus 84, Haltestelle Eilpe | **Pkw** A 45, Ausfahrt Hagen-Süd, Richtung Breckerfeld, links auf B 54/Volmetalstraße, links auf Eilper Straße, nach circa 900 Metern links auf Riegestraße | **Tipp** Circa fünf Autominuten entfernt liegt im Mäckingerbach das LWL-Freilichtmuseum. In den vielen kleinen Fachwerkhäusern widmet sich das Museum der Geschichte von Handwerk und Technik.

63 — Der Holzkohlenmeiler
Ein temporärer Ofen mitten im Wald

Mit Kohle kennt man sich aus im Revier: Flammkohle, Fettkohle, Gaskohle, Magerkohle … ja, und Holzkohle. Richtig gelesen: Neben den üblichen Steinkohlen wird im Ruhrgebiet sogar die traditionelle Holzkohle gewonnen. Einmal im Jahr wird dafür am Dachsberg in der Haard ein Holzkohlenmeiler gebaut. Ab Ende April beginnt der Flaesheimer Köhler mit der Aufschichtung des trockenen Holzes. Dafür stapelt er die Scheite rund um den in der Mitte befindlichen Quandelschacht zu einem großen abgeflachten Kegel auf. Der Schacht wird somit zu einer Art Kamin. Als letzter Vorbereitungsschritt wird der Holzkegel mit Stroh und Erde luftdicht abgedeckt.

Pünktlich am 1. Mai wird der Kohlenmeiler mit einem großen Festakt entzündet. Dazu füllt der Köhler glühende Holzkohlen in den Quandelschacht und initiiert so den Verkohlungsprozess. Dabei werden unter sparsamer Sauerstoffzufuhr, die der Köhler durch Aufstechen der Deckschicht kontrolliert, flüchtige Stoffe des Holzes verbrannt und der Anteil an Kohlenstoff auf bis zu 90 Prozent erhöht.

Das Köhlern stammt noch aus der Zeit der vorindustriellen Fertigung. Sowohl Schmiede- als auch Haushaltsöfen wurden seit über 2.000 Jahren mit Holzkohlen befeuert. Mit der Förderung der Steinkohle verebbte im Ruhrgebiet jedoch die Köhlerei. Haltern besann sich auf diese alte Tradition und stellt seit nunmehr 25 Jahren alljährlich als Frühlingsspektakel Holzkohle auf ursprüngliche Weise her. Während der circa dreiwöchigen Brenndauer mitten im Wald ist der Köhler rund um die Uhr anwesend und steht den Besuchern Rede und Antwort. Zudem werden tägliche Führungen und ein buntes Rahmenprogramm geboten. Für das leibliche Wohl ist ebenfalls gesorgt.

Doch dringt schließlich blauer Rauch aus dem Meiler, ist die Kohle gar, und das Feuer wird gelöscht. Die im Flaesheimer Meiler produzierte Holzkohle wird anschließend im Forsthof Haard verkauft.

Adresse Zum Dachsberg, 45721 Haltern am See-Flaesheim | **ÖPNV** Bus 288, Haltestelle Flaesheim Stiftsplatz, dann circa 15 Minuten Fußweg | **Pkw** A 52 oder A 43, Kreuz Marl-Nord, Richtung Flaesheim (A 52), rechts auf die Flaesheimer Straße, rechts auf Zum Dachsberg, dort Wanderparkplatz nutzen, dann circa zehn Minuten Fußweg in den Wald | **Öffnungszeiten** ab Aufschüttung Ende April bis zur Löschung Mitte Mai ganztägig | **Tipp** Im Jammertal mitten in der Haard gibt es ein Wellnesshotel mit großem Spa-Bereich und einem Golfplatz. Im Jammertal liegt auch der Schacht Haard I des ehemaligen Bergwerks Blumenthal/Haard.

HALTERN AM SEE-INNENSTADT

64 Das Druckereimuseum
Ein Zimelienzimmer und die Gautschtradition

Die Halterner Stadtbücherei unterscheidet sich von anderen Bibliotheken durch eine Besonderheit: In ihren Räumlichkeiten finden sich nicht nur Bücher, sondern auch ebenjene Geräte, mit denen sie gemacht wurden. Zusammengefasst zu einem Druckereimuseum, bereiten sie die fast 600-jährige Geschichte des modernen Buchdrucks anschaulich auf.

Entstanden ist die Sammlung 1984, als im Rahmen einer Ausstellung zur Bibliothekswiedereröffnung ein Hobbybuchbinder und -restaurator auftauchte. Er vermachte der Bücherei kurzerhand seine Buchbindegeräte und bot fortan Kurse zum Erlernen des alten Handwerks an. Weitere Schenkungen folgten, und so kann das Museum mittlerweile eine beachtliche Sammlung historischer Maschinen vorweisen. Darunter finden sich nun von Zylinderschnellpressen, Nudelpressen oder einer Korrex-Andruckpresse über Heft- und Falzmaschinen bis hin zu Tiegeln und Setzerschränken alles, was zum traditionellen Druckereihandwerk benötigt wird. Ergänzt wird die Sammlung durch ein eigenes Zimelienzimmer. Als Zimelien bezeichnet der Fachmann teilweise noch handgeschriebene alte Schriften, antiquarische Bücher und wertvolle Inkunabeln. Solche Folianten, die mitunter noch alte Buchmalereien aufweisen, füllen hier einen ganzen Raum.

Und da sich das Museum dem Druckereihandwerk verschrieben hat, wahrt es auch dessen Tradition und lädt einmal im Jahr zum historischen Gautschfest nach Haltern. Beim Gautschen handelt es sich um eine Waschzeremonie, der man Buchdruckerlehrlinge unterzieht. Nach bestandener Gesellenprüfung werden sie in einem großen Holzbottich unter Wasser getaucht und anschließend auf einen nassen Schwamm gesetzt. Bei dem großen Gautschfest auf dem Marktplatz werden bei einem feierlichen Festakt jedoch nicht nur Gesellen, sondern auch Prominente gegautscht. Weitere Veranstaltungen rund um den Buchdruck werden ebenfalls vom Museum angeboten.

Adresse Lavesumer Straße 1, 45721 Haltern am See-Innenstadt, www.buecherfreunde-haltern.de | **ÖPNV** Bus 271, Haltestelle Arminiusstraße | **Pkw** A 43, Ausfahrt Haltern, auf B 58 in Richtung Wesel/Wulfen/Lippramsdorf, rechts auf Weseler Straße, nach circa 2,3 Kilometern links auf Lavesumer Straße | **Öffnungszeiten** Di, Fr 9 – 12.30 Uhr und 14.30 – 18 Uhr, Mi 9 – 16 Uhr, Do 9 – 12.30 Uhr und 14.30 – 19 Uhr, Sa 9 – 13 Uhr; Führungen auf Anfrage auch außerhalb der Zeiten | **Tipp** Fußläufig liegt der Siebenteufelsturm, ein Wehrturm der alten Halterner Stadtbefestigung.

65 Die Ostenallee

Von Wolffersdorffs Prachtstraße und das Kurbad

Die Grafschaft Mark wurde nach der kleinen Gemeinde benannt, in deren Burganlage die Grafen der Mark lebten. Hamm entwickelte sich aufgrund seiner unmittelbaren Nähe zu einer wichtigen Stadt mit zahlreichen Regierungsbehörden.

Als preußischer Standortkommandant residierte Karl Friedrich von Wolffersdorff daher nicht nur hier, er durfte sich auch stadtplanerisch austoben. 1764 ließ er seine Residenz, das östlich vor Hamm liegende Gut Ostholz, durch eine circa 2,5 Kilometer lange Prachtstraße mit der Stadt verbinden. Hierfür engagierte er einen Waldförster, der die vierreihige Ostenallee mit Silberpappeln, Birken und Weiden bepflanzte. Sie sollte fortan auch Adligen und Bürgern zum Flanieren dienen.

Da die Ostenallee vom Zweiten Weltkrieg nahezu verschont blieb, sind noch heute viele der historischen Bauten, die entlang der Allee entstanden, erhalten – zahlreiche der teilweise villenartigen Häuser stehen unter Denkmalschutz. Auch die Ahsebrücke, über die die Ostenallee führt, zählt zu den sehenswerten architektonischen Elementen. Doch auch dem nördlich der Straße angrenzenden Kurpark mit dem historischen Kurhaus sollte Beachtung geschenkt werden. Hier war man Mitte des 19. Jahrhunderts bei Probebohrungen auf eine Solequelle gestoßen und hatte ein Kurbad eingerichtet. Von 1882 an war Hamm nun offizieller Badekurort und durfte sich »Bad Hamm« nennen. Bad Hamm etablierte sich und lockte Kurgäste aus ganz Preußen an. Doch der Bergbau beklagte immer wieder unterirdische Wassereinbrüche und verlangte die Schließung der Kuranlage. Diese wiederum fürchtete durch die zunehmende Industrie in der Stadt um ihre Gäste, und so fochten beide Institutionen einen langwierigen Kampf. Als man der Stadt 1955 ihren Zusatz »Bad« wieder aberkannte, kam schließlich das Aus für den Kurort. Nun trägt nur noch der hiesige Stadtteil den ehrwürdigen Namen Bad Hamm.

Adresse Ostenallee, 59071 Hamm-Bad Hamm | **ÖPNV** Bus 1, Haltestelle Knappenstraße | **Pkw** A 2, Ausfahrt Hamm, auf B 63 Richtung Hamm, nach circa 3,5 Kilometern rechts auf Dr.-Loeb-Caldenhof-Straße, nach circa 1,7 Kilometern leicht rechts auf Caldenhofer Weg, nach circa 3 Kilometern rechts auf Ostenallee | **Tipp** Fußläufig ist sowohl die Pankratiuskirche am Marker Kirchplatz erreichbar, in deren Chor das Grabmal von Wolffersdorffs zu finden ist, als auch das ausgewiesene Bodendenkmal der ehemaligen Grafenresidenz, der sogenannte »Burghügel Mark«.

66 Die Waldbühne Heessen
Amateurtheater mit Proficharakter

Eigentlich fing alles 1924 mit dem Wunsch der Gebrüder Funke an, mit ihrer Amateurtheatergruppe auch mal unter freiem Himmel zu spielen. Dass sich ihre Idee zu einem Publikumsmagneten entwickelt und auch noch knapp 90 Jahre später auf große Resonanz stoßen würde, ahnten sie nicht. Als Kulisse kam ihnen zunächst das Wasserschloss Oberwerries in den Sinn. Sie taten sich mit der Laientheatergruppe des hiesigen Vikars Rörig zusammen und fragten beim Schlossbesitzer an. Ein Jahr später fand dort die erste Inszenierung statt.

Bereits während der ersten drei Spielzeiten war der Publikumsandrang so groß, dass man 1928 umziehen musste und eine Waldbühne errichtete. Nicht abreißende Besucherströme sorgten auch weiterhin immer wieder für Erweiterungen der Zuschauertribünen – 1993 folgte schließlich ein moderner Neubau. Mittlerweile ist die Heessener Waldbühne das bestbesuchte Amateurtheater Deutschlands. Der überdachte Halbkreis der Zuschauertribüne bietet von jedem der über 1.700 Sitzplätze aus einen perfekten Blick auf die Freilichtbühne. Deren Kulisse, teilweise bestehend aus ganzen Dorflandschaften, besticht durch die Liebe zum Detail, und auch die Laiendarsteller legen Wert auf Authentizität. Das 140-köpfige Ensemble versteht es, die Besucher der Waldbühne zu fesseln und ihren Spaß am Spielen auf sie zu übertragen.

Doch direkt am Waldrand gelegen, bietet nicht nur das Freilichttheater Reize, sondern auch seine Umgebung. Der Heessener Wald lockt zwischen den Spielzeiten mit einem gut erschlossenen Wegenetz. Doch so viele Theaterauszeiten gibt es hier gar nicht. Denn drei verschiedene Inszenierungen pro Saison, davon zwei für Kinder, sorgen durchgehend für ausgelassene Stimmung. Dabei kann man nicht nur im Sommer die tolle Atmosphäre der Waldbühne genießen. Im Tribünenbau sorgt eine weitere Spielstätte für Spielspaß in den Wintermonaten.

Adresse Gebrüder-Funke-Weg 3, 59073 Hamm-Heessen, www.waldbuehne-heessen.de | **ÖPNV** Bus E 82, Haltestelle Lönsring, circa 13 Minuten Fußweg | **Pkw** A 1, Ausfahrt Hamm-Bockum/Werne, Richtung Hamm-Bockum/Hamm-Hövel, nach circa 10 Kilometern links auf Münsterstraße, direkt rechts auf Dennehauptweg, nach circa 2,8 Kilometern rechts auf Frielicker Weg, links auf Leerfeldweg, links auf Ahlener Straße, rechts auf Ennigerweg, links auf Gebrüder-Funke-Weg | **Öffnungszeiten** während der Vorstellungen, Internetseite beachten | **Tipp** Circa sechs Autominuten entfernt findet man am Sachsenweg das Heessener Dachstübchen. Es ist eine kleine, zur Halde Sachsen gehörende Erhebung, von der sich eine schöne Rundumsicht ergibt.

HAMM–UENTROP

67 — Die Wasserübergaben
Vom Geben und Nehmen zwischen Lippe und Kanal

Die Schifffahrtskanäle des Ruhrgebiets zählen offiziell zu den stehenden Gewässern. Dennoch verlieren sie pro Jahr circa 550 Milliarden Liter Wasser hauptsächlich durch Schleusungen an den Rhein, die Ruhr und die Ems. Als künstliche Gewässer brauchen sie dementsprechend Wassernachschub. Dafür nimmt man im Kanalnetz den höchsten Punkt, also den Wasserstraßenabschnitt, an dem es per Schleusungen nur noch abwärtsgeht, und füllt ihn permanent mit Wasser nach.

In Hamm ist dieser Scheitelpunkt erreicht, und das Kanalnetz wird dort mit Lippewasser durch die Wasserübergabe gespeist. Die Lippe und der Datteln-Hamm-Kanal verlaufen hier parallel, jedoch fließt der Fluss auf einem höheren Bodenniveau. So gibt die Lippe ihr Wasser durch natürliches Überlaufen an die künstliche Wasserstraße ab. Ein Wehr reguliert die Wassermenge und sorgt für eine gleichbleibende Gewässertiefe im gesamten westdeutschen Kanalnetz.

Führt die Lippe jedoch zu wenig Wasser und droht dadurch die Lippeaue zu vertrocknen, kommt eine zweite Wasserübergabe ins Spiel, die nun der Lippe Wasser aus dem Kanal zuführt. An der Schleuse Hamm, circa einen Kilometer westlich der ersten Wasserübergabe, fließt die Lippe, da sie zuvor aufgestaut wurde, nun auf einem niedrigeren Niveau als der Kanal. So kann ebenfalls durch simples Überlaufen die Lippe mit Kanalwasser versorgt werden. Damit nun das Kanalnetz nicht zu viel Wasser verliert, werden Pumpwerke aktiv, die an den Mündungen zu Rhein und Ruhr Flusswasser in die Kanäle transportieren.

Bis 1914 wurde das vorhandene Kanalnetz kontinuierlich durch Pumpen mit Wasser versorgt. Erst der Bau des Datteln-Hamm-Kanals ermöglichte die natürliche Wasserspeisung. Die beiden Wasserübergaben stehen mittlerweile unter Denkmalschutz. Das historische Gebäude unmittelbar an der Schleuse Hamm dient neben der Regulierung der Wasserübergabemengen auch als Wasserturbinenkraftwerk.

Adresse Wasserübergabe 1: Fährstraße, Höhe Adenauerallee, 59073 Hamm-Uentrop; Wasserübergabe 2: Jupp-Eickhoff-Weg 2, 59065 Hamm-Uentrop | **ÖPNV** Bus 2, 4, 9, S 10, 11, 12, R 14, R 37, 353, Haltestelle Nordstraße, circa 10 Minuten Fußweg | **Pkw** A 2, Ausfahrt Hamm, auf B 63 Richtung Hamm, nach circa 3,5 Kilometern rechts auf Dr.-Loeb-Caldenhof-Straße, nach circa 1,7 Kilometern leicht rechts auf Caldenhofer Weg, nach circa 3 Kilometern rechts auf Ostenallee, links auf Fährstraße | **Tipp** Südlich der ersten Wasserübergabe an der Fährstraße liegt direkt am Kanal der Hammer Kurpark. Er stammt aus der Zeit von 1882 bis 1955, als Hamm noch Badekurort war (siehe Seite 138).

HATTINGEN-BLANKENSTEIN

68 Der Gethmann'sche Garten
Dem Kommerzienrat sein Paradies

Mit den Worten »zur Freude und Erholung seiner Mitbürger und aller Besucher des Städtchens Blankenstein« gründete Carl Friedrich Gethmann ab 1808 eine Parkanlage in den Steilhängen Blankensteins. Der nach englischem Vorbild gestaltete Garten gehörte zwar zu seiner Privatresidenz, doch waren es die Beziehung zu seiner Stadt und sein soziales Engagement, die ihn den Park bei der Fertigstellung 1834 für die Allgemeinheit zugänglich bauen ließen. Damit war der Gethmann'sche Garten hoch über der Ruhr der erste öffentliche Landschaftspark des Ruhrgebiets und verwandelte die Felsnase des »blanken steyns« in eine blühende Kulisse der Naherholung. Gethmann nutzte einen umgestürzten Felsblock und baute ihn zu einer Grotte um, errichtete zwei hohe Aussichtsplattformen, verband sie mit einer Allee und setzte in den Berghang ein Belvedere.

Von seinem Stammhaus in der Blankensteiner Hauptstraße legte er sich einen direkten Zugang zu seinem Garten. Von hier führte er auch seine Geschäfte aus. Carl Friedrich Gethmann war Tuchfabrikant, Ruhrschiffbauer und Kohlenhändler. Zwar wurde er 1842 für die Errichtung des Gartens von König Friedrich Wilhelm IV. zum preußischen Kommerzienrat erhoben, doch gehörten bereits seine Ahnen unter anderem als hiesige Bürgermeister zur Blankensteiner Prominenz.

Das Gethmann'sche Stammhaus schmiegt sich noch heute in die dörfliche Kulisse des historischen Ortskerns. Die Burg Blankenstein, die Freiheit sowie der alte Marktplatz locken mit ihrem altertümlichen Charme und laden zum Verweilen ein. Und auch das noch erhaltene Belvedere im Gethmann'schen Garten gehört zu den Höhepunkten jeder Blankensteiner Entdeckungstour. Die über die Felskante ragende Steinplattform bietet einen Weitblick entlang des Ruhrtals und in die nördlichen Ruhrhänge, während sich die zahlreichen Rundwege in Serpentinen über die Anhöhe schlängeln.

Adresse Hauptstraße, 45527 Hattingen-Blankenstein | **ÖPNV** Bus CE 31, Haltestelle Museum/Klinik | **Pkw** A 43, Ausfahrt Witten-Herbede, Richtung Hattingen, rechts auf Wittener Straße, nach circa 4 Kilometern Beschilderungen Parkplatz historischer Ortskern folgen | **Tipp** In den alten Amtshäusern am Blankensteiner Marktplatz ist mittlerweile das Hattinger Stadtmuseum untergebracht.

HATTINGEN-BREDENSCHEID-STÜTER

69__ Der Skilift
Das Landhaus und das Wodantal

Früher hörte man durchaus mal ein »Glück auf!« durch das Wodantal schallen. Denn eine Zeche hat es in dem Gefilde tatsächlich mal gegeben. Heute hört man aber höchstens noch ein »Ski Heil« ins Tal hinunterhallen. Denn mittlerweile fährt man hier nicht ins Bergwerk ein, sondern einen Berg hinunter. Genau genommen einen Hügel. Und zwar die Anhöhe hinter dem Landhaus Siebe.

Schon 1986 kam man auf die Idee, die verschneiten Erhebungen des Wodantals zum Skifahren zu nutzen. Der damalige Landhausbetreiber Gustav Adolf Siebe hatte kurz vorher seine Wedelleidenschaft entdeckt und installierte daraufhin den ersten Skilift des Ruhrgebiets.

Das Skigebiet, das der Lift erschließt, ist zwar überschaubar, besticht aber durch seine familiäre Atmosphäre. Denn während eine abgesteckte Piste den Skifahrern und Snowboardern zur Verfügung steht, können die Kleinen den restlichen Hang mit ihren Schlitten erobern. Und für Familienmitglieder, die es lieber gemütlicher mögen, lockt eine Berghütte mit Après-Ski.

Doch auch wenn gerade mal kein Winter in Deutschland herrscht, bietet das Wodantal Naherholung. Als Teil der sogenannten Elfringhauser Schweiz bietet es vom Landhaus aus zahlreiche Rad- und Wanderwege. Doch Vorsicht: Die Elfringhauser Schweiz trägt ihren Namen durchaus zu Recht. Als Ausläufer des Bergischen Landes kann sie mit bis zu 300 Meter hohen Hügelketten durchaus mal steil werden. Dann doch lieber auf den Winter warten und sich vom Schlepplift den Berg hinaufziehen lassen. Etwas über 200 Meter ist dieser zwar nur lang, dafür weist sein Hügel eine schon zweistellige Prozentzahl an Steigung auf. Dementsprechend rasant geht es auch wieder bergab. Ein großes Skigebiet wird der Hügel nicht ersetzen können. Für Übungszwecke, einen Spontanausflug und kurzweiligen Spaß reicht er aber aus. Zudem überzeugt die Nähe zu den Großstädten des Ruhrgebiets.

Adresse Am Stuten 29, 45529 Hattingen-Bredenscheid-Stüter | **ÖPNV** Bus 330, Haltestelle Am Stuten | **Pkw** A 44, Ausfahrt Essen-Kupferdreh, auf Nierenhofer Straße, nach circa 5 Kilometern links auf Wodanstraße, nach circa 4,5 Kilometern rechts auf Elfringhauser Straße, links auf Am Stuten | **Öffnungszeiten** bei geeigneter Witterung Sa, So und Feiertage | **Tipp** In Kamp-Lintfort findet sich ein Ski-Museum. Die Sammlung des dortigen Skiklubs bezeichnet sich selbst als kleinstes Ski-Museum der Welt. Am Wittener Fährhäuschen wird jedes Jahr im Winter eine Langlaufloipe eingerichtet.

70 — Der Schulenbergtunnel
Eine Kohlenbahn für Wuppertal

Da man Berge nicht versetzen kann, muss man eben durch sie hindurch. Erst recht, wenn auf der anderen Seite lukrative Kohle wartet, die per Eisenbahn transportiert werden will. So schuf man 1883 mit der Errichtung des Schulenbergtunnels dem Bergischen Land eine direkte Anbindung zum Hattinger Kohleabbaugebiet. Die topografischen Bedingungen zwischen Ruhr und Wupper waren dabei alles andere als günstig. Auf 15 Kilometern von Hattingen bis zum höchsten Punkt in Schee galt es 185 Höhenmeter zu überwinden – eine echte Herausforderung für Eisenbahnen, da sie nur geringe Steigungen überwinden können. Mit der Fertigstellung der sogenannten Kohlenbahn erweiterte die Rheinische Eisenbahn-Gesellschaft schließlich ihr Einzugsgebiet und konnte Hattinger Kohlen an Wuppertal liefern.

1984 wurde die Strecke schließlich stillgelegt. Ab 1989 baute man die Bahntrasse samt Tunnel zu einem Radweg um. Der circa 200 Meter lange Schulenbergtunnel war damit der erste Radwegtunnel des Ruhrgebiets. Seine beiden Eingänge werden von markanten Portalen gebildet, die noch aus der Gründerzeit stammen. Die lang gezogene Kurve, die der Tunnel beschreibt, und die trotz Sanierung marode wirkenden Bruchsteinwände im Inneren verleihen dem in den Fels gehauenen Gang eine mystische Atmosphäre. 2008 erfolgte der Anschluss an den »Von-Ruhr-zu-Ruhr-Radweg«, der fast ausschließlich über alte Bahntrassen führt und somit kaum Steigungen aufweist.

Fährt man jedoch nicht via Schulenbergtunnel durch den Berg hindurch, sondern über ihn drüber, eröffnet sich ein weiteres Naherholungsgebiet – der Hattinger Stadtwald. Hier findet sich auch der Hattinger Bismarckturm. Obwohl beim Bau aus Kostengründen auf das dritte Stockwerk verzichtet wurde, bietet er eine Fernsicht bis nach Essen. Diese kann der darunterliegende Schulenbergtunnel zwar nicht bieten, dafür besticht er durch seinen einzigartigen Charme.

Adresse Grünstraße, 45525 Hattingen-Mitte | **ÖPNV** Bus 141, Haltestelle Uhlandstraße, circa 5 Minuten Fußweg | **Pkw** A 40, Ausfahrt Bochum-Wattenscheid-West, Richtung Bochum-Höntrop / Hattingen, Hauptstraße circa 12 Kilometer folgen, Beschilderung Richtung Hattingen beachten, dann rechts auf Friedrichstraße, 3. rechts auf Grünstraße | **Tipp** Unterhalb des Bismarckturms finden sich ein Kriegerehrenmal und die Restauration »Schulenburg«.

HERDECKE

71 Der Niedernhof

Das versunkene Schloss und eine private Ruhrbrücke

Als »Schruwen Wilm« war Bernhard Wilhelm Funcke III. bei der Bevölkerung bekannt. Der Industrielle besaß eine Schraubenfabrik in Hagen, lebte aber auf der nördlichen Seite der Ruhr in Herdecke. Damit sein Weg zu den Fabrikationsanlagen für »Schrauben Wilhelm« möglichst kurz war, baute er sich eine private Fußgängerbrücke direkt von seinem Wohnsitz über die Ruhr. Im Stil des Historismus bildeten zwei prächtige Burgtürme den südlichen Abschluss des Querungsbauwerks. Sie waren zudem Bestandteil eines burgähnlichen Gebäudes, in dem der Kutscher lebte und sich die Pferdeställe befanden.

Auch seinen eigenen Wohnsitz, den Niedernhof, gestaltete der Schraubenfabrikant in mittelalterlicher Burgenoptik, weswegen bis heute der Name Funckenburg erhalten ist. Doch der eigentliche Name sollte an das Schloss Niedernhof erinnern, auf dessen großzügigem Gelände »Schruwen Wilm« seine Villa baute. Er hatte das Gutsgelände 1895 gekauft, nachdem der Adelssitz 1857 abgebrannt war und seine Besitzer es nicht wiederaufbauen wollten.

Doch bereits 1919 verkauften Funckes Erben das Anwesen an den Ruhrverband Essen, der besondere Pläne mit dem hiesigen Ruhrtal hatte. 1929 präsentierte der Verband hier den ersten Stausee der Ruhr – den Hengsteysee. Die zu einer großen Wasserfläche aufgestaute Ruhr überflutete nun die abgebrannten Grundmauern des alten Schlosses Niedernhof. Sie ruhen noch heute circa 150 Meter südöstlich des Pumpspeicherwerks auf dem Gewässergrund und sollen aus der Luft sogar noch erkennbar sein. Die circa 700 Meter nordöstlich gelegene Funkenburg blieb von dem Hengsteysee unberührt. Sie liegt noch heute am Nordufer und beherbergt unter anderem die Gastronomie »Seeschlösschen«. Von der Hängebrücke ist noch einer der Brückentürme, der sogenannte Mäuseturm, erhalten geblieben. Er ruht nun auf einer kleinen Insel, die früher Teil des Südufers der Ruhr war.

Adresse Niedernhof, 58313 Herdecke | **ÖPNV** Bus 544, Haltestelle Hengsteysee | **Pkw** A 45, Ausfahrt Dortmund-Süd, auf B 54 Richtung Herdecke, nach circa 3,6 Kilometern links auf Im Kleff, rechts Richtung Niedernhof auf Niedernhof | **Öffnungszeiten** Seeschlösschen bei schönem Wetter Sa, So 14–18 Uhr | **Tipp** Das Personenschiff »Freiherr vom Stein« besitzt einen Bedarfsanleger direkt neben dem Niedernhof. Die angebotenen Rundfahrten führen am Mäuseturm vorbei bis zum Pumpspeicherkraftwerk und zurück.

HERNE-CRANGE

72 Die Bude
… neben den drei Säulen der Stadt

Eisenbahner, Bergmann, Binnenschiffer – diese drei Berufsgruppen sind der Inbegriff der Industrialisierung des Ruhrgebiets und der Wanne-Eickeler Wirtschaft. Schon 1927 setzte man ihnen ein Denkmal und errichtete nahe dem Wanne-Eickeler Bahnhof das Drei-Männer-Eck.

Und selbstverständlich widmet sich auch das hiesige Heimat- und Naturkundemuseum ausgiebig den drei Berufszweigen. Doch eines der auffälligsten Exponate auf dem Hof des Museums hat augenscheinlich nichts mit den drei Berufen zu tun – die Bude. Die offiziell als »Trinkhallen« bezeichneten Kleingastronomien prägten die urbane Infrastruktur des Ruhrgebiets und begleiteten von Anfang an dessen Strukturwandel. Sie dienten als Versammlungsstätte, Süßwarenlieferant oder Minisupermarkt. Von Knickerwasser über Lutschbonbons, von Bier bis Tageszeitung boten sie ein erstaunlich großes Warenangebot auf kleinstem Raum.

Doch die hier ausgestellte Bude ist etwas Besonderes. Sie stammt aus dem Jahr 1900 und weist daher eine liebevolle Architektur auf. Das geschwungene Dach des frei stehenden Kiosks lässt Assoziationen zu chinesischen Pavillons entstehen. Der Dachabschluss wird von einer Fortunastatue gekrönt, die auf glückliche Wirtschaftszeiten schließen lässt. Die Herner Bude wird nun von einem historischen Eisenbahnfuhrpark umgeben. Darunter befindet sich auch ein sogenannter Sprengwagen. Das Schienenfahrzeug fuhr bei Trockenheit durch das Stadtbahnnetz und sprengte die Straßen mit Wasser, um Staubbildung zu vermeiden – meist begleitet von einer Schar Kinder, die sich für wenige Pfennige ein Eis an einer Bude gekauft hatte. An dieser fand sich sicherlich auch der ein oder andere Eisenbahner, Bergmann oder Binnenschiffer nach einer harten Schicht ein.

Übrigens: Seitdem die Figuren des Drei-Männer-Ecks am Bahnhof durch Duplikate ersetzt wurden, stehen die echten Skulpturen zusammen mit der Bude am Heimatmuseum.

Adresse Unser-Fritz-Straße 108, 44653 Herne-Crange | **ÖPNV** Bus 328, Haltestelle Paulstraße | **Pkw** A 42, Ausfahrt Herne-Wanne, Richtung Herten, links auf Unser-Fritz-Straße | **Öffnungszeiten** Di–Fr 10–13 Uhr und 14–17 Uhr, Sa 14–17 Uhr, So 11–17 Uhr | **Tipp** Das Heimat- und Naturkundemuseum ist nur einer von drei Standorten des Emschertal-Museums. Das Schloss Strünkede und die Städtische Galerie im Schlosspark Strünkede ergänzen das Museumsangebot.

HERNE-EICKEL

73 Das Sud- und Treberhaus
Die Hülsmann-Brauerei wird Bürgerzentrum

Die Eingemeindung Wanne-Eickels nach Herne 1975 war der hiesigen Bevölkerung ein Dorn im Auge. Noch heute fühlt man sich hier als Wanner oder Eickler, nicht aber als Herner. Doch kam es noch schlimmer. 1989 kam auch noch das Aus für den Eickeler Bierbrauerstolz – die Hülsmann-Brauerei meldete Konkurs an. Dabei war die Exportbier-Brauerei Heinrich Hülsmann eine der ältesten Familienbrauereien der Emscherregion und aus dem Eickeler Stadtbild nicht wegzudenken. Bereits im frühen 16. Jahrhundert wurde hier Bier gebraut.

Doch im Jahr 1992 rollte ein Abbruchunternehmen an und machte das Werksgelände dem Erdboden gleich. Ein Gebäudeensemble ließ man stehen – das direkt am Eickeler Markt stehende Sud- mit angegliedertem Treberhaus. Beide entgingen der Abrissbirne, da sie bereits seit 1988 unter Denkmalschutz standen. So ließ sich die alte Brautradition wenigstens architektonisch im Gedächtnis halten.

Erbaut wurde das sehenswerte Gebäudeensemble ab 1912 und entkam den Kriegsjahren im Gegensatz zum restlichen Brauereigelände nahezu unbeschadet. Das viergeschossige Sudhaus ist nun ein imposantes Beispiel für die Industriearchitektur des frühen 20. Jahrhunderts. Dem von Bruchsteinen geprägten Untergeschoss folgen Etagen mit Backsteinfassade. Der Eingangsbereich wirkt wie ein vorgelagerter Turm mit Spitzdach. An die linke Flanke des Sudhauses schmiegt sich das zugehörige zweigeschossige Treberhaus in gleicher Optik. In ihm wurden die bei der Bierherstellung anfallenden Malzrückstände gesammelt, um sie später als Futtermittel zu verkaufen. Heute sind in den Gebäuden ein Bürgerzentrum mit Bürgersaal, Dienststellen der Stadtverwaltung und eine Gastronomie, in der auch noch die alten Brauereikessel stehen, untergebracht.

2010 erhielten die Eickeler ein Stück ihres Kulturguts zurück. Die Traditionsmarke Hülsmann gründete sich neu und braut nun an neuem Standort nach Originalrezeptur.

Adresse Eickeler Markt 1, 44651 Herne-Eickel | **ÖPNV** Straßenbahn 306, Haltestelle Eickel Kirche | **Pkw** A 40, Ausfahrt Bochum-Hamme, auf B 226 Richtung Herne-Eickel, links auf Dorstener Straße, nach circa 1,3 Kilometern links auf Riemker Straße, im Kreisverkehr 1. Ausfahrt auf Eickeler Straße, rechts auf Richard-Wagner-Straße, rechts ab auf Eickeler Markt | **Tipp** Hinter dem Sud- und Treberhaus findet sich die 1892 im ähnlichen Stil errichtete Gaststätte »Meistertrunk«. Sie bietet gemütliche Gastronomie zu humanen Preisen.

… HERNE-RÖHLINGHAUSEN

74 Die goldene Bischofsmütze
Pluto V am Mittelpunkt des Ruhrgebiets

Die Betonwerke Kohlstadt produzierten ab 1962 unter anderem Straßen- und Gehwegplatten. Niedergelassen hatten sie sich auf dem Gelände des Wetterschachts V der Zeche Pluto. Nachdem der Schacht 1977 seinen Betrieb eingestellt hatte, blieb der Betonfabrikant bis 1989 einziger Pächter des Geländes. Danach lag es brach. Erst 2007 erfuhr es als neuer Landschaftspark Pluto V eine Umnutzung zum Naherholungsgebiet. Seitdem steht auch die goldene Bischofsmütze am Rand der Grünanlage.

Sie wurde von dem Künstler Helmut Bettenhausen geschaffen und stellt eine Reminiszenz an die alte Industriefläche dar. Als man das Zechengelände zum Landschaftspark umwandelte, ließ man Gebäudefragmente der Betonwerke stehen und bat den Künstler, sie gestalterisch ins Konzept des Parks einzubauen. Er schnitt aus dem Bodenfundament überdimensionierte Gehwegplatten und ließ sie wie Grabsteine aufrichten. So erinnern sie nun daran, was damals im Betonwerk hergestellt wurde. Auch die golden getünchte Bischofsmütze klappte er aus dem alten Fundament auf. Sie findet ihren Bezug jedoch in der ehemaligen Zeche Pluto selbst – denn die ersten beiden Grubenfelder, auf denen 1850 Probebohrungen durchgeführt wurden, hießen wie die Bischöfe St. Remigius und St. Nikolaus.

»Betonbeet mit goldener Bischofsmütze« nannte Bettenhausen sein Werk, das nun am Eingang zum Landschaftspark den Erholungssuchenden begrüßt. Knapp 400 Meter von der Bischofsmütze entfernt befindet sich in der angrenzenden Siedlung an der Rolandstraße, Ecke Friedrichstraße eine weitere Besonderheit. Dort markiert eine Betonstele den geografischen Mittelpunkt des Ruhrgebiets. Von hier lässt sich das Revier also in alle Richtungen gleich weit erobern. Ausgangspunkt einer solchen Tour könnte die Bischofsmütze und ihre herrliche Grünanlage sein. Diese ist nämlich mit dem Radwegenetz des sogenannten »Emscher Landschaftsparks« verbunden.

Adresse Bulmker Straße 44, 44651 Herne-Röhlinghausen | **ÖPNV** Bus 340, Haltestelle Friedrichstraße | **Pkw** A 42, Ausfahrt Herne-Wanne, rechts auf Hammerschmidtstraße, nach circa 1,8 Kilometern rechts auf Berliner Straße, links auf Gelsenkircher Straße, dann rechts weiter auf Gelsenkircher Straße, nach circa 850 Metern rechts auf Bulmker Straße | **Tipp** Das Fördergerüst Pluto am Schacht II ähnelt dem des berühmten Förderturms über Schacht XII der Zeche Zollverein. Für beide zeichnete der Architekt Fritz Schupp verantwortlich. Er liegt circa zwei Kilometer weiter nördlich an der Wilhelmstraße.

75 — Das Alte Dorf Westerholt

Die neue Altstadt Hertens und Anna Spiekermann

»Westfälisches Rothenburg« tituliert man dieses Idyll mitten im Ruhrgebiet völlig zu Recht. Denn den Vergleich mit der Altstadt an der Tauber kann der historische Stadtkern Westerholts durchaus auf sich nehmen. 64 teilweise aus dem frühen 17. Jahrhundert stammende Fachwerkhäuser prägen das Bild der ehemaligen Freiheit. Beim Spazieren in der in sich geschlossenen Einheit, nahezu ohne moderne Neubauten, fühlt man sich tatsächlich ins Mittelalter zurückversetzt. Unzählige Inschriften an den Häusern berichten von der hiesigen Geschichte.

Diese begann mit der Errichtung einer Burg um 1047, ging über den Erhalt von Freiheitsrechten um 1421 und endet zunächst mit ihrer Eingemeindung nach Herten 1975. Da Herten selbst viele Kriegsschäden davontrug, hat die Stadt so ein neues historisches Zentrum gewinnen können. In diesem brechen lediglich einige Häuser in der Brandstraße den einheitlichen Stil Westerholts. Der Straßenname deutet auch den Grund dafür an. Hier wütete 1808 ein großes Feuer, und man setzte in die Brandbrachen Steinhäuser. Ihr eigener Charme setzt nun einen gekonnten Akzent zum Fachwerk der Umgebung.

Neben all der schönen Architektur aus vergangenen Tagen wartet Westerholt auch mit einer grausamen Historie auf – mit der Geschichte von Anna Spiekermann. Anna Spiekermann war einst Magd in der damaligen Freiheit und konnte sich 1705 einer Vergewaltigung widersetzen. Doch der Täter bezichtigte Anna Spiekermann der Hexerei. Es folgte eine 15-monatige Kerkerhaft für die junge Frau, in der sie zahlreiche Folterungen über sich ergehen lassen musste. Als letztes Opfer der Hexenverfolgung in Deutschland wurde Anna Spiekermann im Juli 1706 schließlich enthauptet.

Der Spiekermannshof, in dem sie einst lebte, steht noch heute am Rand des Alten Dorfes. Zudem ist auch noch das klassizistische Schloss Westerholt, ein Nachfolgebau der alten Burganlage, erhalten.

Adresse Schloßstraße, 45701 Herten-Westerholt | **ÖPNV** Bus SB 23, Haltestelle Schloßstraße | **Pkw** A 2, Ausfahrt Herten, Richtung Herten rechts auf Münsterstraße, rechts auf Ewaldstraße, nach circa 3,6 Kilometern rechts abbiegen auf L 511 Richtung Westerholt, links auf Mühlenkampstraße, rechts auf Ostwall, links auf Schloßstraße | **Tipp** Im Café Oelmann auf der Schloßstraße wurde vom hiesigen Heimatverein ein Heimatkabinett eingerichtet. Die Privatsammlung wurde bereits ab 1900 zusammengetragen und gibt Einblicke in die Geschichte des Dorfes.

HOLZWICKEDE-HENGSEN

76_ Der Bahnwald
Relikte eines Bahnhofs und des Hauses Ruhr

Der Bahnwald ist ein Naturschutzgebiet, das seinen Namen aufgrund des ehemaligen Geisecker Verschiebebahnhofs erhielt. Die Anlage war mit fast drei Kilometern Länge und 300 Metern Breite der größte Rangierbahnhof der Vorkriegszeit im Ruhrgebiet. Er lag zum größten Teil auf Schwerter Gebiet, sein östliches Ende ragte jedoch in das heutige Waldstück auf Holzwickeder Boden. Ein Bombenangriff machte ihn 1945 dem Erdboden gleich.

Eine Bahntrasse teilt nun den Bahnwald in einen nördlichen und einen südlichen Bereich. Da man Schotterbetten und Betonfundamente des zerstörten Bahnhofs nicht abtrug, finden sich im nördlichen Abschnitt noch immer die alten Bodenfragmente wieder. Um den Wald aufzuforsten, hatte man lediglich einige Pflanzlöcher in die Fundamentplatten gesprengt und den Wald dann sich selbst überlassen.

Im südlichen Abschnitt des Bahnwalds findet sich ein weiteres Relikt. Diesmal jedoch aus Zeiten lange bevor die Eisenbahn das Gebiet hier regierte – die Eulenmauer. Das circa zehn Meter lange Mauerstück gehörte zu dem sogenannten Haus Ruhr und ist nun der letzte noch sichtbare bauliche Rest der Burganlage. Haus Ruhr bestand ungefähr seit Mitte des 12. Jahrhunderts und galt als die bedeutendste Festung an der Ruhr. Ab 1399 war der Komplex über 270 Jahre im Besitz der Familie Lappe, weswegen sich der Name »Lappenhausen« für die Burg einbürgerte.

Zudem befindet sich am südlichen Rand des Waldes der Hengsener Stausee. Er ist der erste der sechs Ruhrstauseen, doch der einzige, der nicht im Hauptflusslauf liegt. Während die fünf anderen jeweils die komplette Ruhr aufstauen, wird er lediglich von ihr gespeist. Er dient der Trinkwassergewinnung und weist einen artenreichen Vogelbestand wie beispielsweise den Kormoran auf. Dieser brütet auf einer kleinen Insel mitten im See. Ein Rad- und Wanderweg erschließt den als Naturschutzgebiet ausgewiesenen Bahnwald.

Adresse Wanderparkplatz Lappenhausen, Ecke Langscheder Straße, 59439 Holzwickede-Hengsen, oder Zum Kellerbach, 58239 Schwerte | **ÖPNV** Bus R 30, Haltestelle Geisecke Post | **Pkw** A 1, Ausfahrt Schwerte, auf B 236 Richtung Schwerte, nach circa 3 Kilometern links auf Iserlohner Straße, nach circa 2,8 Kilometern links auf Ruhrtalstraße, nach circa 2 Kilometern rechts auf Unnaer Straße, nach circa 500 Metern geradeaus weiter auf Langscheder Straße, nach circa 1,5 Kilometern rechts auf Lappenhausen | **Tipp** Auf der Ruhrtalstraße liegt direkt an der Ruhr das Gutshaus Wellenbad. Das beliebte Ausflugslokal ist im alten Fährhaus untergebracht, welches einst in einem Altarm der Ruhr mit Badespaß lockte.

77 Das Treidlerdorf
Krudenburg und der Lippehafen

Galt die Ruhr durch ihre Stromschnellen jahrhundertelang als unschiffbar und politisch unbedeutend, war die Lippe bereits im Römischen Reich ein wichtiger Handelsfluss. Die größten Römerlager nördlich der Alpen siedelten entlang des Flusses und sind noch heute in den hiesigen Ausgrabungsstätten zu entdecken.

Dennoch begann man mit dem gezielten Ausbau der Lippe erst im 14. Jahrhundert. So sollte dem Münsterländer Holz- und Bruchsteinhandel der Wasserweg unter anderem zu den niederländischen Märkten geöffnet werden. In diese Zeit, nämlich auf 1363, datiert auch die Gründung des Dorfes Krudenburg. Es entstand rund um den hiesigen Rittersitz Crudenburg, dessen Name auf den germanischen Gott Krodos zurückgeht.

Krudenburg lebte von der Fischerei und besaß eine mitten im Fluss verankerte Wassermühle. In die Treidelschifffahrt griff das Dorf jedoch erst zu preußischer Zeit ein. Im Lauf der 1820er Jahre richtete man in Krudenburg einen Überwinterungshafen für Lippeschiffe ein. Die Wassermühle und eine Brücke mussten weichen, und eine Treidelstation entstand. In ihr wurden die Pferde und Knechte, die die Schiffe entlang des Treidel- beziehungsweise Leinpfads flussaufwärts zogen, versorgt. Der Fluss war bis Lippstadt schiffbar, und Krudenburg erlebte in den 1840ern seine Blütezeit als Treidlerdorf. Als dann die Eisenbahn ab circa 1850 als neues Transportmittel Einzug ins Ruhrgebiet erhielt, wurde die Lippeschifffahrt immer unrentabler – 1876 endete sie.

Den Charme der damaligen Zeit hat das alte Treidlerdorf jedoch nicht verloren. Der komplette Ortskern steht unter Denkmalschutz, und auch der Hafen blieb in Ansätzen erhalten. Er wurde renaturiert und mit einem idyllischen Rundweg umbaut. Die Lippeaue und nicht zuletzt der erhaltene zweigeschossige Turm des namensgebenden Rittersitzes Crudenburg ergänzen die Atmosphäre des verschlafenen Dorfes.

Adresse Dorfstraße, 46569 Hünxe-Krudenburg | **ÖPNV** Bus SB 3, Haltestelle Krudenburg Brücke | **Pkw** A 3, Ausfahrt Hünxe, Richtung Hünxe, nach circa 1 Kilometer links auf Dinslakener Straße, nach Passieren der Lippebrücke links auf die Dorfstraße Richtung Krudenburg | **Tipp** Unmittelbar südlich der Lippe liegt nun der Wesel-Datteln-Kanal. Nur circa zwei Kilometer von Krudenburg entfernt findet sich an diesem die Hünxer Schleuse.

78 _ Die Sektionen VII und VIII
Lothar Kampmann im kulturlosen Ruhrgebiet

Die Zeche Kurl im gleichnamigen Dortmunder Stadtteil brauchte Wohnfläche für ihre Arbeiter. Zwischen den angrenzenden Gemeinden Methler und Westick schien Platz zu sein, und so errichtete man ab 1870 die Zechensiedlung Kaiserau. Die Kolonie wurde in acht Sektionen unterteilt, wobei die ersten vier Sektionen auf dem Gebiet Methlers entstanden und die folgenden vier auf Westicker Gemeindefläche. Als die neu gewachsene Großgemeinde 1968 zu Kamen eingemeindet wurde, riss man die alte Zechensiedlung ab, um durch moderne Bauten der 1970er ein Nebenzentrum zu schaffen.

Lediglich die Sektion VII an der Germaniastraße und die Sektion VIII auf der parallel laufenden Röntgenstraße blieben erhalten. Durch eine Grundsanierung haben zwar vor allem die Gebäude der Sektion VIII eine große optische Veränderung erfahren, die Sektion VII besitzt jedoch noch ihre komplette historische Bausubstanz, bestehend aus acht Häusern. Unter Denkmalschutz stehend, repräsentiert sie nun den nüchternen Baustil der Kaiserauer Siedlungsarchitektur.

Die ersten vier Sektionen hatte man noch ohne Baugenehmigung errichtet, die beiden erhaltenen Abschnitte stehen jedoch mit behördlichem Segen. Dennoch musste die Bergwerksgesellschaft der Gemeinde Westick damals eine Abfindung von 100.000 Reichsmark zahlen. Aus dem damit finanzierten Sportplatz gegenüber den historischen Bauten entwickelte sich die Sportschule Kaiserau. Sie diente sowohl 1974 als Trainingsstätte der deutschen Fußball-Weltmeistermannschaft als auch zur Weltmeisterschaft 2006 dem spanischen Team als Herberge.

Auf der die beiden Sektionen verbindenden Einsteinstraße erinnert nun die Großskulptur »Bergmannsleben« an die alte Zechentradition. Sie wurde 1981 von Lothar Kampmann geschaffen, der zuvor das Ruhrgebiet als »kulturlos« titulierte. Mit seinen Plastiken trug er fortan dazu bei, dass das Revier zur Kulturlandschaft erblühte.

Adresse Germaniastraße, 59174 Kamen-Methler | **ÖPNV** Bus 186, Haltestelle Heimstraße | **Pkw** A 2, Ausfahrt Kamen/Bergkamen, rechts auf Lüner Straße, links auf Am Langen Kamp, nach circa 1,8 Kilometern im Kreisverkehr 3. Ausfahrt auf Westicker Straße, im Kreisverkehr 1. Ausfahrt auf Germaniastraße | **Tipp** Circa zwölf Autominuten entfernt liegt auf der Delsterner Straße der Flugplatz der Luftsportfreunde Kamen. Dort werden neben Rundflügen auch Kunstflüge angeboten. Zudem findet dort einmal im Jahr das beliebte Drachenfestival statt.

KAMP-LINTFORT

79 _ Das Mammutbaumwäldchen
Ein Epochen-WandelWeg an der Großen Goorley

Kloster und Kohle. Auf diese zwei Begriffe lässt sich Kamp-Lintfort herunterreißen, betrachtet man die beiden Keimzellen der Stadt. Da wäre zum einen der Ortsteil Kamp, der auf eine circa 1.000-jährige Geschichte blickt, die mit der Gründung des Zisterzienserklosters einhergeht. Und dann wäre da noch Lintfort, dessen Siedlungsentwicklung hauptsächlich mit dem Bergbau ab 1906 begann.

Beide Siedlungskerne verband man 2004 entlang der Großen Goorley durch den WandelWeg. Er zeigt an verschiedenen Stationen die Historie beider Ortsteile auf. Eine dieser Stationen ist das Mammutbaumwäldchen. Ebenso wie der Weg hat die kleine Aufforstung symbolischen Charakter. Denn das Mammutbaumwäldchen demonstriert, wie das Vegetationsbild am Niederrhein und der Ruhrregion im Karbon ausgesehen haben könnte. Da das Landschaftsbild vor circa 300 Millionen Jahren jedoch von Pflanzenarten beherrscht wurde, die teilweise schon ausgestorben sind, bediente man sich bei ihren biologischen Nachkommen – bei Mammutbäumen, Sumpfzypressen und Farnen. Aus den Vorfahren dieser Pflanzengattungen bildete sich durch den im Karbon in Gang gesetzten Inkohlungsprozess die für die Lintforter Entwicklung ausschlaggebende Kohle.

Ergänzt um wasserführende Senken und Mulden, liegt das kleine Wäldchen direkt an der Großen Goorley. Sie ist ein kleiner Fluss, der die Hauptachse zwischen Kamp und Lintfort bildet und an dem nun der WandelWeg größtenteils entlangführt. Dieser startet jedoch zunächst am Kloster Kamp, präsentiert dort als erste Station die prachtvolle Gartenanlage der Abtei und stößt erst nach Überquerung des Kanals Fossa Eugeniana auf das Flüsschen. Endpunkt des circa zwei Kilometer langen WandelWegs ist das Stephanswäldchen an der Beamtensiedlung in Lintfort. So werden Kamp und Lintfort durch einen naturnahen, aber historisch lehrsamen Pfad verbunden – mit einem sehenswerten Exkurs ins Karbon.

Adresse Höhe Mittelstraße 1, 47475 Kamp-Lintfort | **ÖPNV** Bus 7, Haltestelle Dachsberger Weg | **Pkw** A 57, Ausfahrt Kamp-Lintfort, rechts auf Nordtangente, nach circa 3,5 Kilometern links auf Rheinberger Straße, dann nach circa 1,8 Kilometern links auf Mittelstraße | **Tipp** Direkt am östlichen Ende des WandelWegs schließt sich südlich des Stephanswäldchens die Beamtensiedlung an. Sie war die Wohnstätte der privilegierten Belegschaft der Zeche Friedrich Heinrich.

LÜNEN-SÜD

80 — Die Ziethenstraße
Siedlungsbau mit Folgekosten

Die Harpener Bergbau AG war ein Zechenunternehmen, das 1856 vom sogenannten Kohlendoktor Friedrich Wilhelm Müser gegründet wurde. Zu ihren Glanzzeiten besaß die Gesellschaft zehn Zechen. Eine davon war die Zeche Preußen in Lünen, die 1895 ihren Betrieb aufnahm. Um ihren Zechenarbeitern einen werksnahen Wohnraum zu bieten, errichtete das Unternehmen 1898 eine Siedlung in der Ziethenstraße.

Insgesamt entstanden 52 baugleiche Backsteingebäude entlang der Ziethenstraße als Zentralachse und der parallel laufenden Sedan- und Jägerstraße. Jeweils zwei der Häuser stehen sich dabei gegenüber. Konzipiert waren die Häuser für jeweils vier Bergarbeiterfamilien. Die Stadt genehmigte jedoch nur die Unterbringung von drei Mietparteien. Im Hinterhof befinden sich noch immer die Stallungen, in denen Vieh zur Selbstversorgung untergebracht war. An deren Seite lag zwar jeweils ein Latrinenhäuschen, diese sind mittlerweile jedoch entfernt worden. Auffallend sind nun noch die großen Vorgärten und der Baumbestand, der der Ziethenstraße Alleecharakter verleiht.

Die Harpener Bergbau AG hatte sich mit der Bebauung der Ziethenstraße vertraglich bei der Stadt verpflichtet, auch für die Folgekosten der Siedlung aufzukommen. So hatte sie auch für eine entsprechende Infrastruktur zu sorgen. Also errichtete das Unternehmen nicht nur eine Schule und eine Polizeistation, es musste auch deren Haushaltungskosten tragen und beispielsweise das Polizistengehalt zahlen. Nachdem die so geschaffene dorfähnliche Struktur dann in die Jahre gekommen war, stellte man 1984 jedoch noch eine gute Grundsubstanz der Siedlungshäuser fest, sodass sich die schlichten Gebäude kostengünstig modernisieren ließen.

Die Harpener Bergbau AG firmiert zwar nun unter dem Namen Harpen AG, aber betätigt sich noch immer in dem Bereich, in dem sie sich schon seit der Bebauung der Ziethenstraße auskennt – in der Immobilienbranche.

Adresse Ziethenstraße, 44532 Lünen-Süd | **ÖPNV** Bus R 11, Haltestelle Lünen-Süd Jägerstraße | **Pkw** A 2, Ausfahrt Dortmund-Lanstrop, links auf Friedrichshagen, nach circa 1 Kilometer rechts abbiegen auf Derner Straße, nach circa 800 Metern links auf Jägerstraße, 1. rechts auf Saarbrücker Straße, nach circa 20 Metern links oder rechts in Ziethenstraße | **Tipp** Unmittelbar südlich der Siedlung Ziethenstraße führt die zum Radweg umgebaute Gneisenau-Trasse der alten Lüner Zechenbahn vorbei.

MARL-INNENSTADT

81 Der Creiler Platz

Hängetürme, Glaskasten, Luftkissendach, City-See ...

Selten dient ein einzelner Ort so vielen Interessensgruppen gleichzeitig als Anlaufstelle. Doch am Creiler Platz finden sich Museumsgänger und Architekturbegeisterte ebenso wie Einkaufsbummler und Behördenläufer ein. Es scheint, als wäre ein urbaner Makrokosmos auf einen Mikrokosmos komprimiert worden.

Und in der Tat schuf man mit dem Creiler Platz ganz bewusst ein kulturelles und soziales Zentrum. Marl war zunächst ein Konglomerat einzelner zusammengewachsener Dörfer – einen wirklichen Stadtkern gab es nicht. Daher kamen die Stadtoberen ab Mitte der 1950er auf die Idee, in Marl ein neues Zentrum, die Marler City rund um den Creiler Platz, zu schaffen.

Zwischen 1960 und 1967 entstanden so die damals in Deutschland einmaligen Hängehochhäuser des neuen Rathauses. Ihre Geschosse stehen nicht auf der Erde, sondern hängen von einem zentralen Versorgungsturm herunter. Zwei der ursprünglich vier von den Architekten Johan Hendrik van den Broek und Jacob Berend Bakema entworfenen Türme wurden realisiert und sorgten damals in Fachkreisen für Aufsehen. Zu ihren Füßen liegt das Ratssaalgebäude, das mit seinem Betonfaltdach eine ebenso spektakuläre Architektur aufweist. Die Ratssäle hängen hier unter der Deckenkonstruktion des zweigeschossigen Hauses. Erst nachträglich setzte man ein gläsernes Erdgeschoss ein, in dem nun das Skulpturenmuseum »Glaskasten« untergebracht ist. Über 70 Objekte der beachtlichen Sammlung von Großskulpturen sind jedoch nicht im Gebäude selbst, sondern in der ganzen Stadt beziehungsweise auf dem Creiler Platz ausgestellt.

Am südöstlichen Ende des neuen Marler Mittelpunkts liegt der Marler Stern – ein Einkaufszentrum. Auch dieser Gebäudekomplex weist eine Besonderheit auf: Er besitzt das größte Luftkissendach Europas. Zum Süden hin begrenzt noch der City-See samt Insel den Platz und lockert mit seiner Grünfläche das Gesamtkonzept auf.

Adresse Creiler Platz, 45768 Marl-Innenstadt | ÖPNV S-Bahn S 9, Haltestelle Marl Mitte | Pkw A 52, Ausfahrt Marl-Zentrum, Beschilderung Richtung Drewer/Zentrum folgen | Tipp Südlich des City-Sees quert eine Brücke die Umgehungsstraße. Dahinter befindet sich das Marler Stadttheater mit der imposanten Skulptur »La Tortuga« – eine auf dem Kopf stehende Dampflokomotive.

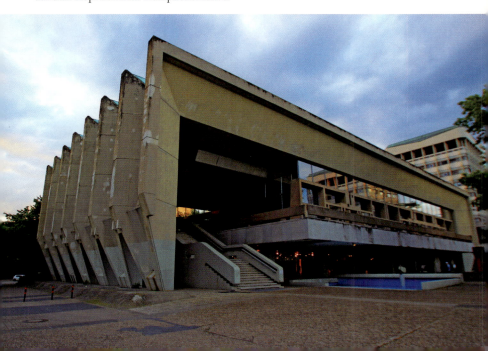

MARL-SINSEN

82 Die Burg
Der Schatz am Silvertbach

Wer von einer Burg erwartet, dass sie massiv, wehrhaft und befestigt ist, wird hier enttäuscht. Denn die Marler Burg ist kein schlossartiges Gebäude mit ebensolchen Eigenschaften, sondern ein Naturschutzgebiet. Doch war das nicht immer so. Denn vor über 1.000 Jahren hat es hier tatsächlich mal eine Burg gegeben – die Sinsener Volksburg. Erbaut wurde sie als Fliehburg zu karolingischer Zeit. Sie bestand aus einer großen Außenburg sowie einer Innenburg und diente zwischen dem 7. und 8. Jahrhundert als Zufluchtsstätte für die hiesige Bevölkerung. Entsprechend groß war das Areal der Fliehburg. In ihr mussten im Falle eines Angriffs nicht nur Tausende von Menschen Platz finden, sondern auch das liebe Vieh. Und da auch das versorgt werden musste, legte man die Innenburg so an, dass der Nieringsbach hindurchfloss und als Tränke dienen konnte.

Auch wenn sie nun nur noch rudimentär erkennbar ist, zählt sie zu einer der wenigen noch vorhandenen Flächenburgen in Westfalen. Der äußere Wall war circa 2,5 Meter hoch, wurde von einem tiefen Graben umgeben und ist noch als zehn Meter breite Erhöhung im Gelände erkennbar. Das komplette Areal ist mittlerweile überwuchert und liegt in einem 143 Hektar großen Wald, der als Reminiszenz den Namen »die Burg« trägt.

Nun ist der Name im Sinne einer Zufluchtsstätte für die Natur zu verstehen – denn diese hat sich hier ein kleines Refugium geschaffen. In dem Bett des Hauptgewässers Silvertbach tummeln sich sogar die als gefährdete Fischart geltenden Groppen in Schwärmen. Die sumpfigen Böden mit zahlreichen Tümpeln und Teichen bieten Fröschen und Kröten einen idealen Lebensraum, und selbst Eisvögel fischen an den Bächen. Und auch der Große Abendsegler, eine seltene Fledermausart, dreht abends hier seine Runden.

Die EU erkannte im Jahr 2000 die Qualität des Naturschutzgebiets und erklärte die Burg zum schützenswerten Flora-Fauna-Habitat.

Adresse zum Beispiel Halterner Straße, 45770 Marl-Sinsen | **ÖPNV** Bus 220, Haltestelle Burgstraße | **Pkw** A 43, Ausfahrt Marl-Sinsen, links auf L 522, nach circa 1 Kilometer rechts auf Halterner Straße | **Tipp** Am nordwestlichen Ende befindet sich am Nonnenbusch ein Ballonstartplatz. Südwestlich der Burg ist der Flugplatz Loemühle.

83 Der Grafschafter Musenhof
Eine historische Spielstadt im Schlosspark

Eingebettet in den Moerser Schlosspark findet sich eine Kultur-, Spiel- und Lernstätte für Jung und Alt – der Grafschafter Musenhof. Er versteht sich als kleines Freilichtmuseum, das aus einem nachgebauten Dorf samt Töpferei, Bäckerei, Fachwerkhaus, Stadtturm und Kerker besteht. Kinder können hier in historische Kleidung schlüpfen und spielerisch das Mittelalter und die Moerser Stadtgeschichte erfahren. Eine pädagogische Betreuung und eine kurze Einführung in das Thema stehen kostenfrei zur Verfügung. Erwachsene finden rund um den Musenhof verschiedene Möglichkeiten der kulturellen Entfaltung. Auf der vom Schlossgraben umgebenen Kulturinsel finden Objektinstallationen, Musikveranstaltungen und Theatervorführungen statt, die vom Ufer aus betrachtet werden können.

Doch lockt das Schloss selbst auch noch mit dem Grafschafter Museum. Es berichtet anschaulich über das damalige Schlossleben. In den alten Räumlichkeiten wie Rittersaal, Söller, Schlafgemach, Biedermeierraum und Kaminzimmer werden Wandteppiche, eine historische Spielesammlung, ein Kolonialwarenladen und eine komplette Bergmannsapotheke präsentiert. Neben dem Museum beheimatet das Schloss zudem das Moerser Schlosstheater.

Der umgebende Schlosspark ist erst im Jahr 1836 nach dem Prinzip englischer Gärten angelegt worden. Mit seinem stattlichen alten Baumbestand bietet er eine entspannende Rückzugsmöglichkeit und ist ein beliebtes Moerser Ausflugsziel. Direkt neben der Spielanlage Grafschafter Musenhof liegt das Rosarium. Der Rosengarten mit seinen 35 Rosenarten und Hunderten von Staudenpflanzen ist ein Ort der Besinnung. Neben dem Geplätscher des Brunnens ist auch das mittelalterliche Flair des Grafschafter Musenhofs allgegenwärtig. In Gemüsebeeten werden nur die im Mittelalter bekannten und angebauten Gemüse wie der süßlich krautige Pastinak, Heilpflanzen und Kräuter gezogen.

Adresse Kastell 9, 47441 Moers-Innenstadt, www.musenhof-moers.de | **ÖPNV** von Moers Hauptbahnhof alle Buslinien, Haltestelle Königlicher Hof, dann circa 10 Minuten Fußweg | **Pkw** A 40, Ausfahrt Moers-Zentrum, Richtung Moers, der Beschilderung Innenstadt und Schloss folgen | **Öffnungszeiten** Betreuungszeiten der Spielstadt (Kinder ab 6 Jahre): Mo–Fr 15–19 Uhr, Sa 10–18 Uhr, Familienzeit (für Kinder unter 6 Jahre in Begleitung): Sa 16–18 Uhr, So 14–18 Uhr | **Tipp** Lohnenswert ist ein Besuch der historischen Altstadt von Moers, welche sich unmittelbar nördlich der Grafschaft Musenhof befindet.

84 Der Altstadtfriedhof
Ein Gräberfeld voll Stadtgeschichte

Erforscht man die Geschichte einer Stadt, geht man normalerweise ins Stadtarchiv oder die Bibliothek – nicht aber auf einen Friedhof. Doch der Altstadtfriedhof in Mülheim erweist sich als wertvoller Wegweiser durch die Industriegeschichte der Stadt. Hier liegt so ziemlich jede Persönlichkeit, die bis 1916 in Mülheim gewirkt hat und gestorben ist. Seien es die Großindustriellen Hugo Stinnes und Joseph Thyssen, die Familiengräber der Gerberfabrikanten Coupienne und Lindgens oder die der Tengelmanngründer Schmitz-Scholl. Doch diente der 1812 eröffnete Friedhof als Begräbnisstätte sämtlicher Bevölkerungsschichten.

1835 ging der Friedhof von kirchlicher in kommunale Hand über, die den Friedhof wegen einer Epidemie schnell erweitern mussten. 30 Jahre später grassierte erneut die Cholera in Mülheim, und der Altstadtfriedhof erhielt zwischen 1866 und 1878 durch eine Süderweiterung seine heutige Fläche.

Mittlerweile steht das komplette Gelände unter Denkmalschutz. Durch seine Nähe zur Altstadt wird der Friedhof häufig zur Naherholung genutzt. Die unzähligen, teilweise 100 bis 200 Jahre alten Gräber und Grabsteine, darunter die großen Industriellengruften, machen das besondere Flair der Grünanlage aus. Eingerahmt wird das südlich des Friedhofwegs gelegene Teilstück des Altstadtfriedhofs von der alten Friedhofsmauer. An diese schließt sich das historische Torhaus an. Der sehenswerte Prachtbau aus dem Jahr 1889 mit dem Trauerraum und einer Wohnung für den Friedhofswärter diente als Haupteingang. Ebenfalls ist die historische Trauerhalle mitten im Park noch erhalten.

Eine Besonderheit des Altstadtfriedhofs: Die alten Grabstätten lassen sich im Rahmen einer Patenschaft erwerben. Dies beinhaltet nicht nur die Pflicht, das Grab zu pflegen und in seiner historischen Substanz zu erhalten, sondern auch das Recht, bis zu vier Urnenbeisetzungen darauf auszuführen.

Adresse Friedhofweg, 45468 Mülheim an der Ruhr-Altstadt | **ÖPNV** diverse Busse und Bahnen, Haltestelle Mülheim Hauptbahnhof, dann circa 15 Minuten Fußweg | **Pkw** A 40, Ausfahrt Mülheim-Heißen, Richtung Mülheim-Zentrum, der B 1 circa 4 Kilometer folgen, rechts auf Werdener Weg, links auf Lohscheidt, links auf Friedhofweg | **Tipp** Der Kettwiger Straße nach Norden folgend, erreicht man den sogenannten Kirchenhügel. Auf ihm befindet sich die Mülheimer Altstadt mit ihrem Wahrzeichen, dem Kirchturm der Petrikirche. Daneben findet sich in einem Fachwerkhaus in der Bogenstraße die gemütliche Gastronomie »Mausefalle«.

85 Die Freilichtbühne

William Shakespeare, Georges Bizet, Karl May

Mit »Ein Sommernachtstraum« wurde in einer lauen Sommernacht im Juni 1936 Mülheims Traum einer Freilichtbühne wahr. William Shakespeares Komödie war der Auftakt einer von Spielpausen geprägten, aber noch immer anhaltenden Theater- und Veranstaltungstradition auf der Mülheimer Freilichtbühne. Diese wurde Anfang der 1930er im Rahmen der Umgestaltung des Döring'schen Steinbruchs vom Gartenamtsdirektor Fritz Keßler als eine Grünanlage konzipiert. Doch schon der Kriegsbeginn 1939 bedeutete das vorübergehende Aus für die Freilichtbühne – ihre Holzbänke wurden von der Bevölkerung kurzerhand als Feuerholz verheizt.

Erst 1954 konnte die Bühne wieder feierlich eröffnet werden. Erneut diente ein Weltklassiker als Premierenstück – diesmal eine Oper. Georges Bizets »Carmen« war der Beginn eines facettenreichen Bühnenprogramms, welches sich bis 1965 einem breiten Publikum präsentierte. Als 1971 die Karl-May-Festspiele dort gastierten, lockte die Bühne noch circa 40.000 Besucher in die Ruhrstadt – danach wurde es ruhig um die Freilichtbühne, und sie blieb knapp drei Jahrzehnte ungenutzt.

Erst seit dem Jahr 2000 wird wieder Kulturelles in direkter Altstadtnähe unter freiem Himmel umgesetzt. Mit der Gründung eines Vereins zur Erhaltung der Bühne kam wieder Leben auf die Bühnenbretter und ihre Zuschauerränge. Bis zu 2.000 Besucher finden nun auf den beiden nebeneinanderliegenden Tribünen Platz und werden regelmäßig mit einem umfangreichen Programm von Theater bis Musik bedient. Unter anderem die Programmreihe »Kultur aus dem Hut« des Vereins »Regler Produktion« erfreut sich während der Open-Air-Saison großer Beliebtheit. Jeden Mittwoch treten im Rahmen dieser Veranstaltungen Musiker verschiedener Genres auf. Da der Eintritt immer frei ist, dreht während der Konzerte ein Hut seine Kreise im Publikum, und jeder darf geben, was ihm die kulturelle Darbietung wert ist.

Adresse Dimbeck 2, 45470 Mülheim an der Ruhr-Altstadt, www.regler-produktion.de, www.muelheim-freilichtbuehne.de | **ÖPNV** diverse Busse und Bahnen, Haltestelle Mülheim Hauptbahnhof, dann circa 15 Minuten Fußweg | **Pkw** A 40, Ausfahrt Mülheim-Heißen, Richtung Mülheim-Zentrum, der B 1 circa 4,5 Kilometer folgen, leicht rechts auf Bismarckstraße, rechts auf Dimbeck | **Öffnungszeiten** Bühne im Park frei zugänglich, Veranstaltungstermine auf der Internetseite | **Tipp** Circa 650 Meter nördlich befindet sich auf der Teinerstraße das historische Tersteegenhaus. In ihm ist das Mülheimer Heimatmuseum untergebracht.

86 Die Ruhr-Inseln

Eine bebaut und eine unbebaut

Zwei Inseln befinden sich nahe der Mülheimer Innenstadt in der Ruhr – die Schleuseninsel und die Dohne-Insel. Die kleinere der beiden, die Schleuseninsel, lässt sich über die Straße Auf dem Dudel erreichen. Hier ist schon das Querungsbauwerk an sich eine Attraktion – die Mülheimer Ruhrschleuse. Sie war das erste erbaute Abstiegsbauwerk zur Schiffbarmachung der Ruhr und wird noch heute genutzt. Südlich der alten Schleuse beherbergt die Insel den Wasserbahnhof. Er wurde in den 1920er Jahren gebaut, da die Schleuse für die Personenschifffahrt zu klein war. Um den Passagieren ein möglichst angenehmes Umsteigen vom Ober- ins Unterwasser zu gewähren, stattete man den Wasserbahnhof mit einer Gastronomie aus. Noch heute erfüllt er seinen Zweck als Anleger der »Weißen Flotte« im Oberwasser.

Südlich des Wasserbahnhofs setzte man zwischen beide Inseln das historische Wasserkraftwerk Kahlenberg. Es wird durch das Rückpumpwerk ergänzt, welches bei Niedrigwasser zum Einsatz kommt. Von dem Kraftwerk lässt sich nun die Dohne-Insel erreichen, doch wartet am südlichen Zipfel der Schleuseninsel zunächst noch das Haus Ruhrnatur darauf, entdeckt zu werden. Es beherbergt ein Wassermuseum, welches mit einem riesigen Aquarium mit typischen Ruhrfischen aufwartet.

Während die Schleuseninsel nur über die Schleusenbrücke betreten werden kann, wird die Dohne-Insel über vier Zugänge erschlossen: zum einen über die direkte Verbindung über das Wasserkraftwerk zur Schleuseninsel und der vom westlichen Ufer kommenden Kassenbergbrücke; zum anderen über ein Wehr und die Florabrücke an ihrem südlichen Ende. Auf der Dohne-Insel überwiegt die Natur, und sie wird als Wassergewinnungsfläche genutzt. Das grüne Eiland ist daher nur entlang des Ruhrinselwegs und seiner vier Brückenbauten begehbar. Von der Kassenbergbrücke aus lässt sich das Wasserspektakel an der sogenannten Broicher Schlagd erleben.

Adresse Auf dem Dudel, 45468 Mülheim an der Ruhr-Altstadt | **ÖPNV** Straßenbahn 110, Haltestelle Wilhelmstraße | **Pkw** A 40, Ausfahrt Mülheim-Heißen, Richtung Mülheim-Zentrum, der B 1 circa 4,5 Kilometer folgen, leicht rechts auf Bismarckstraße, nach circa 1,1 Kilometern auf Kampstraße, links auf Wilhelmstraße, nach circa 300 Metern links Auf dem Dudel | **Tipp** Die »MüWi« ist ein Nachbau eines Wikingerschiffs. Ihre Heimat liegt im Wasserbahnhof. Vor allem die vierstündige Paddeltour mit ihr von Kettwig bis zum Wasserbahnhof ist ein Erlebnis.

87 — Der Stadtviadukt
Die Mülheimer Gartenschau und der Rathausplatz

Folgt man dem stillgelegten Bahndamm südlich des Mülheimer Hauptbahnhofs gen Westen, stößt man bereits nach wenigen hundert Metern auf den Stadtviadukt. Er bildet die Verlängerung des Damms und diente ab 1866 als Bahntrasse der Rheinischen Eisenbahn-Gesellschaft. Der Viadukt erstreckt sich vom rechtsrheinischen Ufer entlang der nördlichen Innenstadt über die Ruhr bis auf die andere Flussseite. 39 Rundbögen bildet er aus, die ihn zu einem der Wahrzeichen der Stadt machen. Errichtet wurde der Viadukt aus insgesamt einer Million Ziegel. Der sich als Brücke über die Ruhr spannende Teil des circa 500 Meter langen Viadukts ist jedoch nicht gemauert, sondern wird von drei geschwungenen Stahlträgern gehalten.

Unter den steinernen Rundbögen der Innenstadtseite waren zunächst Geschäfte eingerichtet. Mittlerweile erschließen sie als geöffnete Durchgänge den angrenzenden nördlichen urbanen Raum mit der City.

Der Viadukt wird nicht mehr als Bahnstrecke genutzt, sondern dient nun Fußgängern zur Überquerung der Ruhr. Über Wendeltreppen können diese einen schmalen Fußsteg am Brückenelement erreichen. So verbindet die Ruhrüberführung nun den Rathausplatz mit seinem historischen Rathaus mit dem touristisch attraktiven MüGa-Park. Direkt an der Ruhr gelegen, ist die 66 Hektar große Grünanlage besonders reizvoll. Von dem 1992 aus der Mülheimer Landesgartenschau MüGa hervorgegangenen Park sind diverse kulturelle Attraktionen wie die Mülheimer Stadthalle, das Schloss Broich, der Ringlokschuppen und die Camera Obscura erreichbar.

Im Rahmen der MüGa sollte auch der Viadukt eine Umnutzung erfahren und als Trasse für eine Pendelbahn, das sogenannte MüGa-Wiesel, zwischen Hauptbahnhof und Park dienen. Das Projekt wurde jedoch nicht umgesetzt. Nun wird der Stadtviadukt als Teilstück des sogenannten Radschnellwegs zu einer Radfahrtrasse umfunktioniert.

Adresse Bahnstraße, 45468 Mülheim an der Ruhr-Altstadt | **ÖPNV** diverse Busse und Bahnen, Haltestelle Mülheim Hauptbahnhof, dann circa 10 Minuten Fußweg | **Pkw** A 40, Ausfahrt Mülheim-Heißen, Richtung Mülheim-Zentrum, der B 1 circa 3 Kilometer folgen, rechts auf Essener Straße, nach circa 1,3 Kilometern rechts auf Tourainer Ring, links auf Auerstraße, rechts auf Bahnstraße | **Tipp** Das Schloss Broich hinter dem MüGa-Gelände sollte erforscht werden. Es ging aus einem Militärlager aus dem 9. Jahrhundert hervor.

88 Der Aero-Club
Der Galgenhügel und der Flughafen

Die Geschichte des Mülheimer Flughafens begann im Jahr 1919 als einfaches Flugfeld. Er war damals auf dem besten Weg, sich zum zivilen Luftfahrtzentrum der Region zu entwickeln. Doch verhinderten starke Kriegszerstörungen dies und ließen den Düsseldorfer Flughafen ab den 1950er Jahren zum zentralen Großflughafen gedeihen.

Ab 1952 siedelte sich daher der Aero-Club auf dem Mülheimer Flughafengelände an. Neben dem normalen Flugbetrieb des kleinen Flughafens mit dem imposanten Zeppelinhangar hat sich am südwestlichen Rand der Landebahn der private Luftsportverein mittlerweile etabliert. Er bietet Motor- und Segelflüge an.

Einmal in der Luft, lassen sich die Flugzeuge vom Galgenhügel aus beobachten. Er liegt südwestlich der Landebahn und ist fußläufig vom Aero-Club aus erreichbar. Der Galgenhügel diente angeblich einst als Mülheimer Richtstätte. Doch in der jüngeren Vergangenheit war es der Flughafen, der Henker am Galgenhügel spielen wollte. Da der Hügel in der Einflugschneise liegt, forderte der Flughafenbetreiber einen radikalen Rückschnitt der dort stehenden alten Robinien. Doch der Galgenhügel, als Teil des alten Steinbruchs am Bollenberg, wurde von der Stadt als schützenswerte Landschaft eingestuft, und so stehen die Bäume noch immer.

Am Aero-Club ist nicht nur das rege Treiben der Mitglieder in der Luft zu beobachten. Interessierte können bei Schnupperflügen selbst ihre Leidenschaft für den Flugsport entdecken. Doch bietet der Aero-Club auch Modellbaupiloten Platz, um den Mülheimer Himmel zu erobern. Damit die Modellflieger die reguläre Luftfahrt am Flughafen nicht gefährden, besitzt der Flugsportverein nördlich des Flughafens an der Rembergstraße eine große Modellfluganlage. Auch hier werden Segelflieger von Motorflugzeugen in die Höhe gezogen. Zwar sind beide Flugzeugtypen ferngesteuert, aber sie weisen dennoch eine Spannweite von bis zu sechs Metern auf.

Adresse Roßkothenweg 15, 45470 Mülheim an der Ruhr-Raadt | **ÖPNV** Bahn 110, Haltestelle Flughafen Essen/Mülheim | **Pkw** A 52, Ausfahrt Essen-Kettwig, Richtung Mülheim auf Lilienthalstraße, nach circa 250 Metern links auf Roßkothenweg | **Tipp** Nur wenige Autominuten entfernt befindet sich Essen-Kettwig. Die ehemals autarke Gemeinde bietet eine romantische Altstadt. Der Kettwiger See ist der letzte Stausee der Ruhr, bevor sie in Duisburg in den Rhein mündet.

89 Der Rhein-Ruhr-Hafen
Drei Anläufe und ein Ruhrschifffahrtskanal

Drei Häfen hat Mülheim im Laufe seiner Geschichte besessen. Der erste war im 18. Jahrhundert nicht viel mehr als ein Anleger nahe der Schlossbrücke in der Altstadt. Dabei war die Ruhr mittlerweile bis nach Fröndenberg schiffbar, und das Handelsgut Kohle verteilte den Reichtum in der Umgebung. Da mehr Geld nach Mülheim gespült werden sollte, musste ein größerer, leistungsfähigerer Hafen her.

Dieser entstand 1845 etwas nördlich vom Vorgänger, auf dem heutigen Gelände der Friedrich-Wilhelms-Hütte. Jedoch machte dem neuen Hafen der aufkommende Güterverkehr per Bahn einen Strich durch die Rechnung – schon 1869 kam das wirtschaftliche Aus für den Umschlagplatz.

Doch der Duisburger Hafen erblühte weiterhin, und die Nähe zu diesem Tor der Welt veranlasste die Stadt Mülheim 1913 dazu, einen neuen Hafen zu bauen – den Rhein-Ruhr-Hafen. Er ist noch heute Mülheims größtes Gewerbegebiet. Für ihn und die größer gewordenen Schiffe musste jedoch zunächst entsprechende Infrastruktur geschaffen werden. Während die Ruhr einen gemütlichen Bogen gen Norden durch die Styrumer Ruhraue macht, baute man den Ruhrschifffahrtskanal als direkte Verbindung zum Duisburger Hafen. Zwei neue Schleusen ergänzten das Bauprojekt, und 1927 ging der Hafen in Betrieb. Da der Wasserumschlagplatz noch immer in Betrieb ist, ist die Hafenatmosphäre deutlich spürbar und live miterlebbar. Der Rhein-Ruhr-Hafen gliedert sich dabei in zwei Bereiche – den Nord- und den Südhafen. Der Nordhafen ist ein Kai entlang des Flusslaufs, während der Südhafen mit dem Hafenbecken den größten Teil des Binnenhafens ausmacht. Vor allem der Nordhafen lässt sich zu Fuß erobern. Auffälligstes Bauwerk ist hier der Getreidespeicher, der unter anderem Malz für hiesige Brauereien speichert. Doch werden im Rhein-Ruhr-Hafen mittlerweile hauptsächlich Eisen, Stahl und Mineralöl umgeschlagen.

Adresse Lippestraße, 45478 Mülheim an der Ruhr-Speldorf | **ÖPNV** Bus 135, Haltestelle Nordhafen | **Pkw** A 4, Ausfahrt Kreuz Kaiserberg, rechts auf Ruhrorter Straße, Beschilderung Richtung Mülheim a. d. Ruhr folgen, nach circa 2,1 Kilometern im Kreisverkehr 2. Ausfahrt auf Weseler Straße, links auf Timmerhellstraße, im Kreisverkehr 3. Ausfahrt auf Rheinstraße | **Tipp** Direkt neben dem großen Gewerbegebiet des Hafens kündigt sich das sich nach Westen erstreckende grüne Idyll in Form der Galopprennbahn Raffelberg an. Neben spannenden Pferderennen bietet die Innenfläche der Galoppstrecke einen 9-Loch-Golfplatz.

OBERHAUSEN-MITTE

90 Die alte Zinkfabrik
Aus »Vieille Montagne« wird Altenberg

Dass im Ruhrgebiet wirtschaftliches Potenzial steckte, sprach sich herum – auch im Ausland. Und da durch den Deutschen Zollverein seit 1834 hohe Importzölle anfielen, ließ sich die ausländische Industrie ebenfalls hier nieder. 1853 erwarb so die belgische »Société Anonyme des Mines et Fonderies de Zinc de la Vieille Montagne« ein Gelände auf der Lipper Heide und richtete dort eine Zinkfabrik ein.

Die Stadt Oberhausen gab es zu diesem Zeitpunkt noch gar nicht. Lediglich der Bahnhof Oberhausen, benannt nach dem hiesigen Schloss, war bereits vorhanden. Daher war die Infrastruktur für die Zinkfabrik günstig – circa zwei Kilometer südwestlich förderte die Zeche Concordia und konnte das Lütticher Unternehmen mit Kohlen versorgen, und direkt vor den östlichen Toren des Werks lag die Bahnstation der Köln-Mindener Eisenbahn. Ungünstig waren jedoch die Arbeitsbedingungen in dem Werk, sodass der Betrieb zunächst unter Personalmangel litt. Um Arbeiter anzulocken, schuf man daher Invaliden- und Pensionskassen, eine betriebliche Krankenkasse und Arbeiterwohnungen. Während sich das Zinkwerk »Vieille Montagne« etablierte, blieb der französische Name für die hiesige Bevölkerung unaussprechlich. »Filimontang« bürgerte sich daher ein. In der nationalsozialistischen Diktatur übersetzte man ihn jedoch ins Deutsche, und die Fabrik hieß fortan »Zink Altenberg«.

Noch heute liegt das Werk direkt hinter dem Oberhausener Hauptbahnhof. Mittlerweile ist es jedoch zum zentralen Standort des LVR-Industriemuseums umgebaut. Nun wird hier die Geschichte der Schwerindustrie lebendig aufbereitet. Zahlreiche der historischen Gebäude wie etwa die Arbeiterhäuser, die Direktorenvilla, ein Kesselhaus, der Schlauchturm der Werksfeuerwehr und die große Werkshalle blieben erhalten. Durch diese führt der museale Rundgang vorbei an den beeindruckenden Maschinen der alten Zinkfabrik.

Adresse Hansastraße 20, 46049 Oberhausen-Mitte | **ÖPNV** diverse Busse und Bahnen bis Oberhausen Hauptbahnhof | **Pkw** A 40, Ausfahrt Mülheim-Dümpten, Richtung Oberhausen, Zechenbahn circa 1,6 Kilometer folgen, dann rechts auf Mülheimer Straße, links auf Ebertstraße, links auf Hansastraße | **Öffnungszeiten** Di – Fr 10 – 17 Uhr, Sa, So und Feiertage 11 – 18 Uhr | **Tipp** Auf dem ehemaligen Gelände der Zeche Concordia befindet sich nun das »Theater An der Niebuhrg«. Es ist vor allem für seine Musicalshows bekannt.

OBERHAUSEN–NEUE MITTE

91 Slinky Springs to Fame
Umwege erweitern die Ortskenntnis

Normalerweise verbinden Brücken zwei Orte auf direktem Weg. Nicht in Oberhausen. Hier müssen auch mal für circa 100 Meter Luftlinie über 400 Brückenmeter überwunden werden. Zumindest wenn man den Rhein-Herne-Kanal überqueren will, um von dem Kaisergarten auf die Emscherinsel zu gelangen. »Slinky Springs to Fame« nennt sich die Brücke, die hier über Umschweife den Weg über das Wasser findet.

    Als Tobias Rehberger die Brücke 2009 entwarf, ließ er sich vom Kinderspielzeug Slinky inspirieren – Slinky, die Spiralfeder, die sich selbstständig Treppen hinunterwinden kann. Nun windet sich die Feder überdimensioniert durch die Oberhausener Park- und Kanallandschaft und umhüllt einen 2,5 Meter breiten Fuß- und Radweg. Um auch den haptischen Eindruck einer Feder zu vermitteln, schwingt der Bodenbelag bei Begehung leicht mit. Er besteht aus 88 unterschiedlich langen Farbfeldern und bildet neben der Spiralumhüllung das Hauptgestaltungselement. Eine Lichtinstallation, die täglich ab 20 Uhr die Brücke ausleuchtet, korrespondiert dabei mit den 16 verschiedenen Farbtönen des Fußwegs.

    Nach einer unplanmäßig langen Bauphase von 15 Monaten im Rahmen der EMSCHERKUNST.2010 konnte die Brücke 2011 eröffnet werden. Der Wunsch, eine Fußgängerbrücke hier über den Rhein-Herne-Kanal zu setzen, bestand schon länger. Nicht nur, dass man den Kaisergarten und den Sport- und Volkspark miteinander verbinden wollte, der geplante Brückenschlag sollte auch symbolischen Charakter haben. Floss die Emscher vor Bau des Rhein-Herne-Kanals noch durch den Kaisergarten, liegt sie seit 1914 nördlich des Kanals in ihrem neuen Bett. Slinky Springs to Fame verbindet nun, zumindest im übertragenen Sinne, den noch Wasser führenden Altarm in der Parkanlage mit dem Flusslauf der Emscher. Durch die Brücke ist nun nicht nur der älteste Park der Stadt um eine Attraktion reicher. Auch die Stadt selbst besitzt ein neues Wahrzeichen.

Adresse Konrad-Adenauer-Allee 46, 46049 Oberhausen-Neue Mitte | **ÖPNV** Bus 122, 956, 966 und ES 2, Haltestelle Schloss Oberhausen | **Pkw** A 42, Ausfahrt Oberhausen-Zentrum, auf B 223 / Konrad-Adenauer-Allee, rechts auf Am Kaisergarten, dort parken, circa 5 Minuten Fußweg durch den Kaisergarten | **Tipp** Wandert man entlang des Kanals nach Osten, stößt man hinter dem Gasometer Oberhausen auf ein weiteres Brücken-ensemble. Hier verschlingt sich das Stahlfachwerk zweier Brücken gekonnt ineinander.

OBERHAUSEN-OST

92 Das Bunkermuseum
Museum zur Luftkriegs- und Luftschutzgeschichte

Spricht man in der Historie des Ruhrgebiets über die Schwerindustrie, kommt man nicht an der nationalsozialistischen Diktatur von 1933 bis 1945 vorbei. Das Ruhrgebiet fungierte als Waffenschmiede des Reichs, woraus massive Luftangriffe während des Zweiten Weltkriegs auf die Region zwischen Lippe und Ruhr resultierten. Allein Oberhausen war im Laufe des Krieges 161 Bombenangriffen ausgesetzt. Zum Schutz der Bevölkerung errichtete man daher ab 1940 unter anderem den Bunker im sogenannten Knappenviertel.

Heute fungiert der Hochbunker als zeithistorisches Museum, in dem die Kriegsjahre in einer Dauerausstellung aufbereitet sind. Dabei überträgt schon der Ort als authentischer Zeitzeuge die Stimmung der damaligen Zeit. Denn in der untersten Etage, in der das Bunkermuseum untergebracht ist, sind die Räume und Gänge in ihrer Grundsubstanz weitgehend erhalten. Hier findet sich nicht nur einer der Eingangsbereiche mit Schleuse, auch 15 der Schutzzellen sind noch in ihrem ursprünglichen Zustand vorhanden. Jeder dieser knapp sechs Quadratmeter großen Räume war für bis zu sechs Personen konzipiert. Der dreigeschossige Hochbunker bot damit 767 Personen sichere Schlafplätze – tatsächlich suchten hier während Luftangriffen aber über 2.000 Menschen Zuflucht.

Die Ausstellung des Bunkermuseums widmet sich dem Luftkrieg über dem Ruhrgebiet als direkter Kriegsfolge des »Blitzkrieges« der Nationalsozialisten in Europa. Gezeigt wird, wie er die Fronten delokalisierte und welche Notwendigkeiten sich daraus für zivile Bunker- und Luftschutzanlagen ergaben. Zudem wird auf die konkreten Bunker und ihre Technik sowie auf den Einsatz der Propaganda im Krieg eingegangen.

Ergänzt wird das Museumsprogramm durch Workshops, Wechselausstellungen und Kunstinstallationen mit Bezug zum historischen Ort. Das Bunkermuseum ist das einzige in Nordrhein-Westfalen, das sich der Luftkriegsthematik annimmt.

Adresse Alte Heid 13, 46047 Oberhausen-Ost, www.bunkermuseum-oberhausen.de, www.oberhausen.de/bunkermuseum.php | **ÖPNV** Bus 958, Haltestelle Alte Heid | **Pkw** A 42, Ausfahrt Oberhausen-Zentrum, auf B 223 Richtung Oberhausen-Zentrum, nach circa 2,4 Kilometern links auf die Falkensteinstraße, nach circa 1 Kilometer links auf die Knappenstraße, rechts auf Alte Heid | **Öffnungszeiten** Mitte März–Mitte Dez. Mi, So 14–18 Uhr und nach Absprache; Führungen nach telefonischer Absprache unter Tel. 0208/60705310; für Sonderveranstaltungen Homepage beachten | **Tipp** Das Bunkermuseum kooperiert mit der Gedenkhalle im Schloss Oberhausen. Die circa fünf Autominuten entfernte Gedenkhalle widmet sich in ihrer Dauerausstellung in der Konrad-Adenauer-Allee 46 der Oberhausener Stadtgeschichte zwischen 1933 und 1945.

93 Das Umspannwerk
Hochspannung im Museum

Umspannwerke sind in der Regel recht eintönig anzuschauen. Nicht aber, wenn man sie, wie in Recklinghausen, in eine ansprechende Fassade packt. Der Grund, warum die Recklinghäuser Umspannanlage überhaupt eines Gebäudes bedurfte und nicht auf einer Freifläche erbaut wurde, lag an den schwierigen Umweltbedingungen. Direkt an Emscher und Rhein-Herne-Kanal gelegen, drohten durch die hohe Luftfeuchtigkeit und Nebelbildung gepaart mit den Staubpartikeln der damaligen Ruhrgebietsluft Kurzschlüsse. Und da nichts dagegensprach, die benötigte Hülle auch zur Stadtverschönerung beitragen zu lassen, setzten die Vereinigten Elektrizitätswerke Westfalen 1928 eine eindrucksvolle Architektur an die Emscher.

Das Umspannwerk erfüllt noch heute seinen Zweck als Spannungswandler. Es transformiert den ankommenden Strom von 110.000 Volt hinunter auf 10.000 Volt und verteilt ihn auf die Stadt. Das historische Ensemble, bestehend aus zwei Schalthäusern und einem Wohngebäude für das Personal, wurde unter Denkmalschutz gestellt und zwischen 1991 und 1994 auf den neuesten technischen Stand gebracht. So ergab sich im Innern eine neue Nutzfläche. Erweitert um einen modernen Anbau, füllt man diese seit 2000 mit dem Museum »Strom und Leben« aus.

In dem Museum wird auf 2.500 Quadratmetern die Entwicklung der Elektrizität von ihren Anfängen bis zum Status quo in anschaulichen Exponaten dokumentiert. Dabei legt die Sammlung ihren Schwerpunkt auf häusliche Elektrogeräte und deren technische und optische Weiterentwicklung. Doch auch Großobjekte wie Dampfmaschinen und eine historische Straßenbahn finden in den Ausstellungsräumen Platz. Zudem kann an Experimentierstationen Elektrizität spielerisch entdeckt werden.

Größtes Exponat ist das Umspannwerk selbst, zumal der aktive Teil der Anlage begehbar ist. Die Kombination aus technischem Denkmal, Baudenkmal, Betriebsstätte und Museum ist einmalig.

Adresse Uferstraße 2–4, 45663 Recklinghausen-Hochlarmark, www.umspannwerk-recklinghausen.de | **ÖPNV** Bus SB 20, Haltestelle Hochlarmarkstraße oder Kanalbrücke | **Pkw** A 42, Ausfahrt Herne-Baukau, Richtung Recklinghausen-Süd, Westring circa 2 Kilometer folgen, dann rechts auf Uferstraße | **Öffnungszeiten** Juni–Aug. Mo–So 10–17 Uhr; Sept.–Mai Di–So 10–17 Uhr | **Tipp** Auf der sogenannten Emscherinsel direkt südlich des Umspannwerks befindet sich der Recklinghäuser Stadthafen. Er bietet eine Strandbar mit Sandstrand gleich am Ufer.

RHEINBERG-INNENSTADT

94 __ Das Underberg Palais
Den Aufenthalt im Rathaus sinnvoll genutzt

Im Ruhrgebiet kennt man sich nicht nur mit Bierbrauen aus. Auch das Schnapsbrennen hat Tradition. Selbst die Familie des Ruhrbischofs Overbeck betreibt in Marl eine Brennerei. Bekanntester Spirituosenhersteller ist jedoch der Rheinberger Familienbetrieb Underberg. Bereits 1846 gründete Hubert Underberg das Unternehmen, indem er seinen Aufenthalt im Rheinberger Rathaus gleich doppelt nutzte – zunächst heiratete er dort am 17. Juni seine Angebetete, um gleich darauf beim Gewerbeamt die Firma anzumelden. Daraufhin kaufte er direkt gegenüber dem Amtsgebäude das Grundstück und richtete dort sowohl seinen Firmen- als auch seinen Wohnsitz ein – das Underberg Palais.

Im Laufe der Jahre entwickelte sich daraus ein großer Gebäudekomplex, der nun eine ganze Straße einnimmt – die Underbergstraße. Doch vor allem das historische Eckgebäude am Rathaus aus dem Jahr 1880 ist sehenswert. Errichtet wurde das Stammhaus im Stil der Spätrenaissance von dem Architekten Ernst Giese. Die Eingangshalle beeindruckt durch die große Freitreppe und die klassischen Stuckelemente. Von außen beherrscht der kleine Eckturm die Fassade des Palais und bildet mit dem gegenüberliegenden Rathausturm ein harmonisches Ensemble der historischen Innenstadt.

Doch das weit sichtbare Wahrzeichen der Stadt ist der am anderen Ende der Underbergstraße stehende 53 Meter hohe Kräuterturm. Er diente einst als Lagerstätte des Unternehmens. Frisch renoviert, erstrahlt seine Klinkerfassade zwar in neuem Glanz, doch hat Underberg seine Produktionsstätte mittlerweile längst ausgelagert. So dient das historische Palais mit der imposanten Eingangshalle nun nur noch repräsentativen Zwecken und beherbergt unter anderem das Underberg-Archiv. Im gegenüberliegenden Turmzimmer des Rathauses ist zudem ein Underberg-Museum eingerichtet worden und kann im Rahmen von Stadtführungen besichtigt werden.

Adresse Underbergstraße 1, 47495 Rheinberg-Innenstadt | **ÖPNV** Bus SW 1, Haltestelle Rheinberg Rathaus | **Pkw** A 57, Ausfahrt Rheinberg, auf B 510 Richtung Rheinberg auf Bahnhofstraße, im Kreisverkehr 2. Ausfahrt weiter auf Bahnhofstraße, dann links auf Innenwall, rechts auf Am Kamperhof, links auf Kamper Straße, dann rechts auf Underbergstraße | **Tipp** Auch die neue, größere Underberg-Fabrikationsanlage in der Hubert-Underberg-Allee ist sehenswert.

SCHWELM-MÖLLENKOTTEN

95 _ Das Martfeld
»Lots Flucht aus Sodom«

Da die Schwelme regelmäßig über ihre Ufer trat und das Umland überschwemmte, waren mitunter auch die hiesigen Landstriche sehr morastig. Der Name des Hauses Martfeld spielt auf die früheren Gegebenheiten an und bedeutet so viel wie »sumpfiges Gelände«. Das Martfeld selbst ist eine Parkanlage, die an das ehemalige Rittergut angeschlossen ist. Während der Adelssitz jedoch aus einer Wasserburg des frühen 14. Jahrhunderts hervorging, entstand das Martfeld erst im Lauf des 19. Jahrhunderts. Errichtet wurde die Grünanlage von der damaligen Besitzerin des Guts, Friederike Freifrau von Elverfeldt. Das Martfeld wird vor allem von kleinen Wald- und Wiesenflächen beherrscht und ist die größte Parkanlage der Stadt. Es wartet jedoch auch mit einigen architektonischen und kulturellen Sehenswürdigkeiten auf.

    Da wäre zum einen das Schloss selbst, welches neben dem Stadtarchiv und dem regional- und stadtgeschichtlichen Museum eine Gastronomie und diverse Veranstaltungsräume beheimatet. Zum anderen sind der älteste Haferkasten der Region von 1583 und die in einem kleinen Waldstück versteckte Grabkapelle zu nennen. Auch Letztere wurde von der Freifrau von Elverfeldt in Auftrag gegeben. In ihr befanden sich unter anderem die Gräber der Adelsfamilie. Nachdem sie renoviert wurde, dient sie seit 1998 als kulturelle Veranstaltungsstätte und beinhaltet eine Fossilienausstellung. Doch am beeindruckendsten ist das hier präsentierte Gemälde »Lots Flucht aus Sodom«. Die alttestamentarische Bibelszene des Barockmalers Johann Heinrich Damelet fand man vergraben unter Kohlen in einem Schwelmer Keller, ließ sie entsprechend restaurieren und in der Kapelle als passende Kulisse ausstellen.

    Da Teilflächen des Martfelds als Biotop eingestuft werden, findet sich neben Kulturellem auch eine artenreiche Natur in der Grünanlage. Der große Kinderspielplatz und die Minigolfanlage runden das Angebot ab.

Adresse Martfeld 1, 58332 Schwelm-Möllenkotten | **ÖPNV** Bus 608, Haltestelle Nordstraße | **Pkw** A 1, Ausfahrt Wuppertal-Langerfeld, auf B 7 Richtung Schwelm, circa 4 Kilometer folgen, dann rechts auf Hauptstraße, links auf Hagener Straße, links auf Martfeld | **Tipp** Ein historischer Rundwanderweg führt durch Schwelm an wichtige geschichtliche Stätten. Er beginnt im Martfeld.

SCHWERTE-MITTE

96 — Der Schwerter Laternenweg
Sagenhaft(es) gut ausgeleuchtet

Um Schwerte ranken sich viele Sagen. Das wusste auch schon Gerhard Löbker, als er 1852 einen Reisebericht über die Stadt erstellte und sie als »Mittelpunkt westfälischer Volkssagen« beschrieb. Um die spannendsten Mythen der Stadt anschaulich aufzubereiten, richtete man ab 2009 den Schwerter Laternenweg ein. Hierfür nahm man Straßenlampen im Stil alter Gaslaternen und verzierte ihre gläserne Fassung jeweils mit einem sagenhaften Motiv. Bis zu sieben Laternen bilden mit ihren scherenschnittartigen Darstellungen eine Einheit und erzählen bildhaft die entsprechende Sage nach. So wurden mittlerweile auf insgesamt 30 Laternen in der Schwerter Altstadt fünf Sagen illustrativ nachgestellt. Gefertigt wurden die schwarz-weißen Motive von der Künstlerin Jutta Neubaur-Montenbruck.

Im Touristikbüro des Schwerter Ruhrtalmuseums liegen kostenlose Faltblätter aus, in denen zu den einzelnen Laternenmotiven der entsprechende Text abgedruckt ist, sodass sich die Bilder durch Erzählungen ergänzen lassen. Ausgangspunkt der Sagenreise ist der Wuckenhof in der Altstadt. Hier beginnt der Laternenweg mit der Geschichte der Weißen Frau, die zwar ein Schloss voller Gold, jedoch auch ein kaltes Herz besaß. Nach sieben Stationen beziehungsweise Laternen taucht man in die nächste Geschichte ein, die des Schwerter Nachtwächters, dem zwei Hexen Rache schworen.

Schaurig, gruselig und manchmal auch ein wenig romantisch geht es so durch die gemütlichen Gassen. Vor allem abends, wenn die Laternen erleuchtet sind, oder in Kombination mit einer Laternenwegführung wird die Sagentour zu einem Erlebnis. Hat man mit dem »Knüppelhund von Schwerte« und dem »Spuk in der Mühle« den Rundgang schließlich abgeschlossen, steht man wieder am Ausgangspunkt, und die Altstadtgastronomie lädt zum Verweilen ein. Blickt man nun zum schiefen Turm der St.-Viktor-Kirche, weiß man, warum er sich einst krummlachte.

Adresse Touristikbüro: Brückstraße 14, 58239 Schwerte-Mitte; Wuckenhof: Kötterbachstraße 2, 58239 Schwerte-Mitte, www.schwerte.de/laternenweg | **ÖPNV** diverse Busse und Bahnen, Haltestelle Bahnhof Schwerte, dann circa 10 Minuten Fußweg | **Pkw** A 1, Ausfahrt Schwerte, auf B 236 Richtung Schwerte, Beschilderungen Richtung Altstadtparkplätze folgen | **Öffnungszeiten** Touristikbüro Ruhrtalmuseum: Di–So 11–17 Uhr | **Tipp** Das Ruhrtalmuseum im Alten Rathaus ist ein Heimatmuseum, das sich vor allem der Epoche der Eiszeit widmet.

SELM-BORK

97 Die Landsynagoge
… so zahlreich wie die Sterne am Himmel

Was von außen wie ein einfaches Fachwerkhaus aussieht, entpuppt sich von innen als Kleinod jüdischen Glaubens. Als eine der letzten Landsynagogen Westfalens besticht das Gotteshaus in Selm-Bork durch seine ansehnliche Schlichtheit. Gebaut wurde es circa 1818 und diente zunächst acht jüdischen Familien als Bethaus.

Gelegen am Rand des Münsterlandes, war Bork, nah den Märkten in Lünen und Werne, ein idealer Standort für Getreide- und Viehhandel. Als preußische Reformen ab Mitte des 19. Jahrhunderts die Niederlassungs- und Berufsfreiheiten der Juden auflockerten, wuchs die Gemeinde daher schnell auf 63 Gläubige an. In der Reichspogromnacht 1938 wurde die Synagoge jedoch verwüstet und die Gemeinde enteignet. Der neue Besitzer, ein Kohlenhändler, zweckentfremdete das Gotteshaus als Lager. 1983 stellte man das Gebäude schließlich unter Denkmalschutz und begann 1991 mit der Restaurierung.

Seit 1994 präsentiert sich die Synagoge wieder der Öffentlichkeit. Der Thoraschrein ist nach den Plünderungen und Verwüstungen zwar nicht mehr vorhanden. Jedoch konnte die Deckenmalerei rekonstruiert werden – ein prachtvoller Himmel, bestehend aus goldenen Sternen auf hellblauem Grund. Diese Deckenbemalung ist eine gebräuchliche Symbolik und steht für die Verheißung im ersten Buch Mose, dass Abrahams Nachkommen, also das Volk Israel, so zahlreich wie die Sterne am Himmel sein sollen. Abgeschlossen wird die Decke zu einer Seite von einer hölzernen Galerie, die den weiblichen Gläubigen als Betempore diente. Da Frauen und Männer das Gotteshaus getrennt betraten, gab es einen mittlerweile nicht mehr vorhandenen Nebeneingang. Im Vorraum sind nun alte Gebetsbücher, die man bei der Restaurierung in einem Versteck auf dem Dachboden, in einer sogenannten Genisa, fand, ausgestellt.

Heute wird die Landsynagoge vor allem für kulturelle Veranstaltungen und von der Volkshochschule genutzt.

Adresse Hauptstraße 12, 59379 Selm-Bork | ÖPNV Bus R 19, Haltestelle Bork Amtshaus | Pkw A 2, Ausfahrt Dortmund-Mengede, Richtung Waltrop, nach circa 4,1 Kilometern rechts auf Berliner Straße, nach circa 1,9 Kilometern links auf Industriestraße, nach circa 1,6 Kilometern geradeaus auf Borker Straße, nach circa 4 Kilometern links auf Waltroper Straße, rechts auf Hauptstraße | Tipp An der Kreisstraße, Ecke Haus-Berge-Straße befindet sich der zur Gemeinde gehörige alte Friedhof. Hier stehen Grabsteine noch aus dem Jahr 1835.

SONSBECK

98 — Der Pauenhof

Deutschlands größte Traktorensammlung

Einst war der Pauenhof ein ganz normaler Bauernhof. Hühner, Schweine, Kühe – so normal, wie ein Bauernhof nun mal sein kann, wenn sein Besitzer landwirtschaftlicher Tüftler ist und gleich vier Bundespatente sein Eigen nennen kann. Johannes Troosts Sammelleidenschaft für landwirtschaftliches Gerät wurde durch einen alten Hanomag R 12 geweckt. 1975 vor dem Verschrotten gerettet, steht das historische Schmuckstück nun in einer beachtlichen Sammlung zwischen Fendts, Porsches und Co. Neben den großen Marken verstecken sich aber auch technische Raritäten, deren Hersteller gänzlich unbekannt sind und die nur wenige Zugmaschinen bauten. Der älteste Traktor der Sammlung stammt aus dem Jahr 1928.

Auch jahrhundertealte Holzpflüge und Melkmaschinen reihen sich hier in die Sammlung faszinierender Landwirtschaftstechnologie. Rübenroder, Kartoffelpflanzer, Miststreuer, Säh- und Rotationsworfelmaschinen – neben den unterschiedlichen Zweitaktern sind in den zehn geräumigen Hallen auch ihre entsprechenden Bodenbearbeitungsgerätschaften ausgestellt. Durch die Sammelleidenschaft des ehemaligen Landwirts ist so 1990 schließlich auf 5.000 Quadratmetern Deutschlands größtes Traktoren- und Landtechnikmuseum entstanden.

Der Pauenhof bietet seinen Besuchern ein ganz besonderes Highlight: Wer möchte, kann hinter dem Steuer einer kraftstrotzenden Maschine Platz nehmen und die Pferdestärken unter sich spüren. Eine Auswahl von Treckern steht zum Fahren auf dem vier Hektar großen Hof bereit. Ein Geschicklichkeitsparcours mit Slalom und Wippe fordert eine präzise Steuerung der Zweitakter. Das Anwesen bietet aber noch mehr, zum Beispiel einen Kinderspielplatz, Heubodenübernachtungen für jedermann im »Heuhotel« und Grillabende. Selbst im gutbürgerlichen Restaurant geht die Sammlung der Traktoren weiter. Dezent arrangiert zwischen den Tischen, stehen auch hier Original-Arbeitsmaschinen.

Adresse Balberger Straße 72, 47665 Sonsbeck, www.traktorenmuseum-pauenhof.de | **Pkw** A 57, Ausfahrt Sonsbeck, Richtung Kevelaer/Xanten/Sonsbeck, links in den Wildpassweg, links auf die Balberger Straße | **Öffnungszeiten** Di–So 10–18 Uhr, Mo nur nach Voranmeldung | **Tipp** Sonsbeck bietet auch noch ein Keramikmuseum, welches sich vor allem Josef Hehls Werken widmet.

99 Der Pingenwald

Die Spur der Kohle führt in die Herzkämper Mulde

Der Winterberg ist eine Anhöhe am südlichen Rand des Ruhrgebiets. An seinem Fuß erstreckt sich die Herzkämper Mulde. Zusammen mit dem Wittener Muttental ist sie das älteste Steinkohleabbaugebiet des Ruhrgebiets. Schon ab 1450 wurden Kohlen abgebaut. Zahlreiche Relikte der jahrhundertealten Bergbaugeschichte säumen noch immer die Region – der Pingenwald ist einer davon.

Bei Pingen handelt es sich um künstliche, durch bergbauliche Einbrüche entstandene Gräben und Vertiefungen. Das Waldgebiet nördlich der Elberfelder Straße ist durchzogen von solchen Pingen. Sie entstanden, nachdem unter anderem die Schächte Ida und Amalia wieder verfüllt wurden, das Füllmaterial jedoch zusammen mit dem Deckgestein absackte. Erkennbar sind auch noch die kleinen Rinnen, die vom Bach zu den Pingen führen. Diese sogenannten Akeldrufte waren oberirdische Entwässerungsgräben und zeugen demnach von oberflächennahem und somit von frühem Bergbau. Die Zeche Buschbank förderte hier bereits seit 1687 Steinkohlen. Nur wenige Meter daneben entstand ab 1700 die Zeche Sieper und Mühler.

Als Ort, an dem die Auswirkungen des Bergbaus deutlich zu erkennen sind, wurde der Pingenwald vom hiesigen Heimat- und Geschichtsverein entsprechend in einen Bergbauwanderweg einbezogen. Der sogenannte Herzkämper-Mulde-Weg beginnt am Wanderparkplatz in Herzkamp und führt über 17 Stationen in die jahrhundertealte Geschichte des hiesigen Bergbaus ein. Elf der Stationen sind mit erklärenden Tafeln versehen – so auch die am Schacht Ida im Pingenwald. Die dort anzutreffenden kleinen Erhebungen waren alte Halden der nahen Zechen.

Der Herzkämper-Mulde-Weg ist nur einer von sieben Rundwegen, die zusammengefasst als »Spur der Kohle« vom Heimat- und Geschichtsverein eingerichtet wurden. Entsprechende Wanderkarten können in der Heimatstube Sprockhövel auf der Hauptstraße 85 erworben werden.

Adresse Rundwegwanderparkplatz: Egen, 45549 Sprockhövel-Herzkamp; Pingenwald: Kreßsieper Weg, Ecke Löhener Straße, 45549 Sprockhövel-Spee | **ÖPNV** nach Egen: Bus 332, Haltestelle Am Brink; nach Kreßsieper Weg: Bus 332, Haltestelle Bossel | **Pkw** nach Egen: A 46, Ausfahrt Wuppertal-Wichlinghausen, rechts auf Märkische Straße, nach circa 1 Kilometer im Kreisverkehr 1. Ausfahrt auf Einern, links auf Huxel, nach circa 1,2 Kilometern rechts auf Elberfelder Straße, nach circa 1,5 Kilometern links auf Egen; nach Kreßsieper Weg: Egen weiterfahren, links auf Kreßsieper Weg | **Öffnungszeiten** Heimatstube Sprockhövel: Mi, Fr 16–18 Uhr, So 11–12.30 Uhr | **Tipp** Auf der Nockenbergstraße 13 unmittelbar hinter dem Pingenwald befindet sich die Kornbrennerei Hegemann mit eigenem Hofladen.

UNNA-INNENSTADT

100 Der Goldschatz von Unna
»Goldene Schilde« und schillernde Gulden

Im 14. Jahrhundert erlebte die Deutsche Hanse einen ihrer Höhepunkte. Der Handel blühte und füllte die Kassen der Hansestädte. Dabei war der Westfälische Hellweg eine der wichtigsten binnenländischen Routen der damaligen Zeit. Entsprechend wohlhabend waren die Städte und Kommunen, die auf der Wegachse lagen. Auch Unna, damals schon mit Marktrecht versehen, bekam den Reichtum zu spüren. Mehr noch: Als Münzprägestätte war die Stadt ein wichtiger Standort der Grafschaft Mark.

Die regen Handelsbeziehungen aus jenen Jahren werden durch den Goldschatz von Unna deutlich. Dabei handelt es sich um eine Münzsammlung, die man 1952 bei Ausgrabungen entdeckte. Sie besteht aus 255 Münzen und gilt als der wertvollste mittelalterliche Münzfund Westfalens. Untergebracht ist die Sammlung in der Unnaer Burg, die seit 1936 das Hellweg-Museum beherbergt. Das Gebäude mit dem schmucken Rundturm liegt am Rand der Innenstadt und geht ebenfalls auf das 14. Jahrhundert zurück. Als Heimatmuseum widmet sich die Ausstellung in der Burg ausführlich der Geschichte der Stadt und ihrer Hansezeit. Zahlreiche Exponate von Original-Hellebarden bis Medaillen zeigen die Bedeutsamkeit der Stadt auf. Ausgestellt im Burgturm, ergänzt der Goldschatz den Unnaer Geschichtsexkurs anschaulich. Unter anderem belegen Gulden, »Alte Schilde«, »Ecu d'or«, englische »Noble« und weitere Münzen aus fernen Ländern die damaligen internationalen Handelsbeziehungen.

Dass der Goldschatz fast 600 Jahre unentdeckt unter der Erde schlummerte, lag daran, dass der damalige Besitzer ihn um 1375 selbst vergrub. Den Fragen, warum man im Mittelalter sein Vermögen im Erdreich versteckte und ob es daher womöglich noch mehr Goldschätze in Unna gibt, wird im Museum ebenfalls nachgegangen. Die mittelalterliche Patina lässt erahnen, welchen Wert der Goldschatz zu Zeiten der Hanse besessen haben muss.

Adresse Burgstraße 8, 59423 Unna-Innenstadt | **ÖPNV** diverse Busse und Bahnen, Haltestelle Unna Bahnhof | **Pkw** B 1, Ausfahrt Hertingerstraße, rechts auf Südring, links auf Morgenstraße, direkt rechts auf Lüningstraße, leicht links auf Burgstraße | **Tipp** Der Esel war ein wichtiges Transporttier für die hiesigen Salzhändler. Zusätzlich zum Eselsbrunnen auf dem Markt stehen als »Eselparade« bunte Eselskulpturen vor einigen Geschäften der Innenstadt.

101 Die Komponistinnenbibliothek

Eine Sammlung weiblicher Musik

Bach, Mozart, Beethoven – weltberühmte Komponisten, von denen jeder schon mal was gehört hat. Doch wer kennt Catharina van Rennes, Emilie Zumsteeg, Franziska Lebrun oder Sybil Westendorp?

Im historischen Nicolaiviertel mit seinen vielen Fachwerkhäusern offenbart sich eine Sammlung ganz besonderer Art. Sie widmet sich jenen unbekannten, verkannten Genies, die sich zwar durch musikalische Meisterwerke hervorgetan haben, durch ihre geschlechtliche Diskriminierung jedoch nie den Bekanntheitsstatus männlicher Pendants erreichten.

Gegründet wurde die Komponistinnenbibliothek 1987 von der Dirigentin Mascha Blankenburg. In dem 1730 erbauten Fachwerkgemäuer des Nicolaihauses trug sie alte, neue und vergessene Werke zu einer beachtlichen Sammlung zusammen. In enger Kooperation mit musikwissenschaftlichen Instituten wird hier Musik aus allen Sparten und Epochen archiviert und vorgestellt – nur eine Frau sollte Urheberin des Werkes sein. Auf dem bereitstehenden Flügel können die ausliegenden Noten direkt umgesetzt und geübt werden.

Die 1999 verstorbene Komponistin und Pianistin Sybil Westendorp, die unter anderem durch ihre Melodramen für Klavier mit Sprechgesang bekannt war, vermachte ihr musikalisches und monetäres Erbe der Komponistinnenbibliothek. Mit dieser finanziellen Unterstützung der Sybil-Westendorp-Stiftung geht die Verpflichtung einher, die Kunstwerke durch regelmäßig stattfindende Konzertreihen zu ergänzen. Ein Musikwettbewerb kämpft zusätzlich für die Förderung und Anerkennung der modernen Komponistinnen.

In dem alten Bibliothekshaus lebte übrigens einst ein begnadetes Musiktalent, dessen Choräle selbst Johann Sebastian Bach für seine Kantaten benutzte. Er gab dem gesamten Viertel seinen Namen: Kirchenmusiker Philipp Nicolai – ein Mann.

Adresse Nicolaistraße 3, 59423 Unna-Innenstadt, www.kompo-unna.de | **ÖPNV** diverse Busse und Bahnen, Haltestelle Unna Bahnhof | **Pkw** A 1, Ausfahrt Unna, links Richtung Unna (B 1), links in die Hertingerstraße, rechts auf den Südring, Beschilderung Richtung Rathaus/Bahnhof folgen | **Öffnungszeiten** Mo–Fr 9–13 Uhr oder nach Absprache | **Tipp** Das schöne Nicolaiviertel wartet darauf, entdeckt zu werden. Der Turm der Nicolaikirche kann bei einigen Stadtteilfesten und Veranstaltungen bestiegen werden.

UNNA-MUEHLHAUSEN / UELZEN

102 Die Quellendörfer

Der Hellweg, der Jakobsweg und Unnas Mittelpunkt

Über 40 artesische Quellen durchziehen die Gemarkung rund um die Dörfer Uelzen und Mühlhausen. Artesisch bedeutet, dass anders als beispielsweise bei Gebirgsquellen das Wasser durch Überdruck des Grundwassers aufsteigt und aus dem Boden sickert. Die artesischen Quellen im Osten Unnas sorgen als Feuchtigkeitsspender der Umgebung dafür, dass hier eine artenreiche Flora gedeiht und die Uelzener Heide und die Mühlhauser Mark 1997 zum Naturschutzgebiet erklärt wurden. Es ist die Region mit den meisten Quellen Nordrhein-Westfalens. Der Wasserreichtum brachte den beiden Gemeinden schließlich die Bezeichnung Quellendörfer ein.

Doch neben all der Natur warten auch einige spannende Fakten darauf, entdeckt zu werden. Da wären zunächst zwei bekannte Wegerouten: Sowohl der Westfälische Hellweg als einst bedeutendste mittelalterliche Handelsroute als auch der Jakobsweg, der wohl bekannteste Pilgerpfad für christliche Gläubige, führen durch die Dörfer. Durch Rad- und Wanderwege werden die Strecken erschlossen. Genau auf Höhe des Hellwegs liegt der geografische Mittelpunkt Unnas. Dieser wird circa 150 Meter östlich des Bahnübergangs der Straße Twiete durch eine Betonstele, die sowohl die exakten Breiten- und Längenangaben als auch die absolute Höhe über Null angibt, markiert.

Und auch Geschichtliches findet sich in den Quellendörfern. So stand einst in der Twiete nicht nur Unnas Galgen, auch das Aussätzigenhaus für Leprakranke befand sich in Uelzen.

Doch zurück zur Natur, denn diese bestimmt das Bild der Quellendörfer. Um die aus den Ausläufern des Haarstrangs sickernden Quellen und die zahlreichen Bäche zu schützen, kaufte der Heimatverein zusammen mit dem Naturschutzbund das Land. So ist der vom Aussterben bedrohte Laubfrosch in dem humiden Gebiet wieder stark vertreten, und auch die essbare Brunnenkresse weist hier ihr größtes Vorkommen in Nordrhein-Westfalen auf.

Adresse Raabe Baum, 59425 Unna-Mühlhausen/Uelzen | **ÖPNV** Bus C/T 45, Haltestelle Uelzen Mitte | **Pkw** B 1, Ausfahrt Twiete, Twiete folgen, nach circa 800 Metern rechts auf Uelzener Dorfstraße, nach circa 300 Metern links auf Zum Osterfeld, dann rechts in Raabe Baum | **Tipp** Im östlich gelegenen Unna-Stockum gibt es das wohl kleinste Bergbaumuseum des Ruhrgebiets. Das private Minibergwerk »Fröhliche Morgensonne« in der Stockumer Wiese liegt im Gartenhäuschen eines pensionierten Bergmanns. Voranmeldungen notwendig unter 02303/478.

VOERDE-GÖTTERSWICKERHAMM

103 — Die Rheinpromenade
Drei Kamine und eine Hochspannungsfreileitung

Selten erblickt man in einem Naturidyll ein so gegensätzliches Landschaftsbild wie an der Rheinpromenade in Götterswickerhamm. Zunächst gehören sowohl das gegenüberliegende Rheinufer als auch das diesseitige zu dem Naturschutzgebiet Rheinvorland und weisen dementsprechend eine artenreiche Flora und Fauna auf. Doch erblickt man stromaufwärts mitten in dem grünen Refugium das riesige Kohlekraftwerk Voerde. Mit seinen drei über 200 Meter hohen Kaminen bildet es einen deutlichen Kontrast zur Umgebung – und genau das macht es so anziehend. Folgt man der Promenade circa einen Kilometer, erreicht man den großen Industriekomplex. Trotz Kraftwerk findet sich hier eine gemütliche Gastronomie mit Strandbar. Weitere zwei Kilometer flussaufwärts stößt man – bereits auf Dinslakener Boden – auf die Mündung eines bedeutenden Ruhrgebietsflusses: die der Emscher. Die Mündung wurde im Lauf der Jahre bereits zweimal wegen Bergsenkungen gen Norden verlegt. Um im Falle weiterer Bergsenkungen einen dritten Neubau zu vermeiden, baute man sie hier etwas erhöht, sodass sich die Emscher nun wasserfallartig in den Rhein stürzt.

Bleibt man jedoch in Götterswickerhamm, erblickt man stromabwärts an beiden Flussufern zwei weitere gigantische Bauwerke – die Strommasten der ältesten Hochspannungsfreileitung der Welt. Sie sind zudem mit jeweils 138 Metern die höchsten in Nordrhein-Westfalen und spannen über eine Strecke von 516 Metern Stromkabel über den Rhein.

Abgesehen von den spannenden Kraftwerks- und Freileitungsbauten bietet sich die Rheinpromenade als Erholungsmeile an. Egal, ob man nun von hier aus die kleine Ortschaft erkundet, das Naturschutzgebiet erforscht oder nur die Aussicht auf den Rhein von einem der Wirtshäuser oder Biergärten aus genießt. Dabei wartet vor allem das Café »Zur Arche« mit seiner spannenden Historie rund um das damals hier gestrandete Rheinschiff »Arche« auf.

Adresse Dammstraße 46, 46562 Voerde-Götterswickerhamm | **ÖPNV** Bus RFB 81, Haltestelle Götterswickerhamm | **Pkw** A 59, Richtung Dinslaken bis Ende der Autobahn, dann rechts auf Friedrich-Ebert-Straße und Beschilderung Richtung Wesel/Dinslaken folgen, nach circa 1,6 Kilometern links auf Konrad-Adenauer-Straße, rechts auf Heerstraße, nach circa 3,7 Kilometern links auf Ahrstraße, nach circa 1,4 Kilometern im Kreisverkehr 3. Ausfahrt auf Dammstraße | **Tipp** Südlich des Kraftwerks befindet sich an der Frankfurter Straße das Haus Wohnung. Das idyllische Wasserschloss besticht durch seinen barocken Zwiebelturm.

104 Die Rieselfelder
Ein Abtreibungslager und ein Kernkraftwerk

Als der Bakteriologe und Mediziner Robert Koch gegen Ende des 19. Jahrhunderts die Hygieneforschung vorantrieb, erkannte man auch im Ruhrgebiet die Notwendigkeit der Abwasserreinigung. Vor allem das Dortmunder Bevölkerungswachstum und die zunehmende Industrialisierung belasteten das hiesige Ökosystem. 1894 begann man daher, zwischen Datteln, Waltrop und Lünen die Dortmunder Rieselfelder anzulegen. Dies waren großflächige Anlagen, die eine frühe Form der Abwasseraufbereitung darstellten. Man leitete dabei Schmutzwasser auf Felder und ließ es durch den Boden verrieseln, wodurch es filtriert wurde.

Die Dortmunder Rieselfelder weisen jedoch neben ihrem praktischen Nutzen auch eine sehr düstere Geschichte auf. Während des nationalsozialistischen Regimes richtete man in ihnen nämlich ein Entbindungs- und Abtreibungslager für Zwangsarbeiterinnen ein. Bis zu 500 osteuropäische Schwangere wurden hier kaserniert. Da man nicht auf ihre Arbeitskraft verzichten wollte, wurden sie in einer angegliederten Nadelfabrik oder auf nahe gelegenen Feldern eingesetzt. Zwangsabtreibungen wurden bis zum fünften Schwangerschaftsmonat durchgeführt. Neugeborene kamen in Säuglingsbaracken, die die Mütter nicht betreten durften. Dort wurden die Babys nach gut- und schlechtrassig sortiert. Das Waltroper Lager galt als das größte seiner Art. Heute erinnert ein Mahnmal, bestehend aus Holzstelen, in einem nahe gelegenen Wäldchen an die dort kasernierten Frauen und die verstorbenen Kinder.

Die Rieselfelder selbst wurden noch bis 1978 genutzt. Damals verkaufte die Stadt Dortmund das 1.000 Hektar große Areal an einen Energiekonzern, der hier ein Atomkraftwerk errichten wollte. Jedoch trat man nach Protesten Anfang der 1980er von dem Großprojekt zurück. Das Gebiet zwischen Lippe und Datteln-Hamm-Kanal wird nun landwirtschaftlich genutzt, dient der Naherholung und ist durch Radwege erschlossen.

Adresse Borker Straße 125, 45731 Waltrop-Holthausen | **ÖPNV** Bus 285, Haltestelle Waltrop Bahnhof, dann circa 20 Minuten Fußweg | **Pkw** A2, Ausfahrt Dortmund-Mengede, Richtung Waltrop, nach circa 4 Kilometern rechts auf Berliner Straße, 1. links auf Lehmstraße, im Kreisverkehr 1. Ausfahrt auf Bahnhofstraße, nach circa 1 Kilometer links auf Borker Straße / Riphausstraße, hinter dem Kanal 2. Straße links | **Tipp** Die Zeche Waltrop bietet mit ihren elf noch erhaltenen Verwaltungsgebäuden nach der Zeche Zollverein in Essen das größte zusammenhängende Hallenensemble des Ruhrgebiets. Auf der angrenzenden Halde Brockenscheidt befindet sich der 20 Meter hohe Spurwerkturm aus circa 1.000 Metern Spurlatten.

WALTROP-INNENSTADT

105 Der Kirchplatz
Der Tempel, die Hochzeitsgasse und »Lebwohl«

Tempel sind eigentlich Stätten des Glaubens. Nicht jedoch der Waltroper – er ist ein Fachwerkhaus. Zusammen mit seinesgleichen schmiegt er sich rund um die St.-Peter-Kirche und deren Kirchplatz. Dieser bildet gemeinsam mit dem Fachwerkensemble und dem Gotteshaus den historischen Ortskern und blickt auf eine lange Geschichte zurück. Daher zurück zum Tempel: 1576 erbaut, ist er das älteste noch original erhaltene Fachwerkhaus des Ruhrgebiets. Das vorkragende Obergeschoss und die als Schmuckelemente in die Brüstungsfelder eingebrachten Andreaskreuze weisen darauf hin, dass er einst ein Repräsentationshaus war. Der Name geht vermutlich auf Templarius zurück, womit ein Dorfschreiber bezeichnet wurde. Auch die anderen Fachwerkhäuser stammen teilweise aus dieser Zeit und prägen die Idylle des Kirchplatzes.

Die Kirche selbst ist bereits ab 1032 beurkundet, ihr romanischer Kirchturm besteht seit dem 12. Jahrhundert. Der Chorraum wurde jedoch wegen der schnell wachsenden Gemeinde 1895 neu gebaut. Zu den bemerkenswertesten Schätzen zählt ihr circa 800 Jahre alter Taufbrunnen aus Sandstein. Der Kirchturm wurde wehrhaft gebaut, da er einst der Bevölkerung Schutz bieten konnte. Wer nun in der Kirche den Schutz des ehelichen Hafens sucht und sich dort trauen lässt, den erwartet vor ihrem Tor die Hochzeitsgasse. Es soll dem Brautpaar Glück bringen, wenn es über diese enge Gasse den Kirchplatz verlässt.

Der Kirchplatz war Mittelpunkt von sechs ihn umgebenden Bauernschaften. Noch heute gliedert sich Waltrop nicht in Stadtteile, sondern in ebendiese Bauernschaften plus die Keimzelle um St. Peter. Dabei ergeben die Anfangsbuchstaben der sieben Ortsteile den Begriff »Lebwohl«, welchen die Stadt mitunter als Werbeslogan für sich als Wohnstätte nutzt. Doch lässt sich hier nicht nur »wohl leben«, sondern vor allem auch der historische Kirchplatz »erleben«.

Adresse Kirchplatz, 45731 Waltrop-Innenstadt | **ÖPNV** Bus 231, Haltestelle Schützenstraße | **Pkw** A 2, Ausfahrt Dortmund-Mengede, Richtung Waltrop, nach circa 4,5 Kilometern rechts auf Hilberstraße, links auf Hilberstraße bleiben, rechts auf Bissenkamp, dort parken, circa eine Minute Fußweg bis Kirchplatz | **Tipp** Fußläufig vom historischen Ortskern liegt der Moselbachpark. An dessen östlichem Ende findet man den Riphaushof, in dem das Waltroper Heimatmuseum untergebracht ist.

106 — Die Wärmehäuschen
Die historische Altstadt und ein Mauerausverkauf

1586 wütete ein großes Feuer in Werne. 43 der den Kirchplatz umrahmenden Fachwerkhäuser verbrannten. Doch zwei blieben stehen. Und stehen noch heute. Die Wärmehäuschen sind nun aus dem Stadtbild nicht mehr wegzudenken.

Werner Bürger und Bauern aus dem Umland nutzten sie damals, um sich vor und nach dem Kirchgang aufzuwärmen. Daher resultiert zwar ihr Name, aber eigentlich dienten sie als Lager, sogenannte Spieker. Um den Reichtum der damaligen Hansestadt zu repräsentieren, waren sie mit Ornamenten besetzt. Das Wärmehäuschen mit der Hausnummer 15 weist noch heute die typischen geschnitzten Blattmasken auf. Das Gebäude stammt aus dem Jahr 1562 und ist dem Karl-Pollender-Stadtmuseum angegliedert, welches sich im Alten Amtshaus von 1690 direkt neben dem kleinen Fachwerkhaus befindet. Das zweite Wärmehäuschen wurde bereits 1447 erbaut und zählt zu den ältesten noch erhaltenen Kleinfachwerkhäusern Westfalens.

Da Werne eine reiche Hansestadt war, wurde der Kirchplatz schon kurz nach der Brandkatastrophe von 1586 mit neuen Fachwerkgebäuden umbaut. So sind die Wärmehäuschen zwar die ältesten, nicht aber die einzigen historischen Gebäude der ansehnlichen Altstadt. Zu weiteren Sehenswürdigkeiten des Ortskerns zählen daher noch das historische Rathaus und das Alte Steinhaus auf der Steinstraße. Die Steinstraße erhielt ihren Namen jedoch nicht aufgrund des Gebäudes. Denn als die Stadt 1777 unter Geldmangel litt, bot sie die Steine ihrer Stadtmauer zum Verkauf an. Die Bürger nahmen das Angebot dankend an, ersetzten ihre Fachwerke durch Steine und trugen so die Stadtbefestigung ab. Auch die Steinstraße wurde mit Hilfe der alten Steine gepflastert.

Noch älter als die Wärmehäuschen ist in Werne nur noch ein Priestergewand. Dieses fand man bei Ausgrabungen, und es stammt wahrscheinlich aus dem 13. Jahrhundert. Ausgestellt ist es im Wärmehäuschen beim Museum.

Adresse Kirchhof 13, 59368 Werne-Innenstadt | **ÖPNV** Bus R 81, Haltestelle Stadthaus, oder S 10, Haltestelle Markt, jeweils circa 5 Minuten Fußweg | **Pkw** A 1, Ausfahrt Hamm-Bockum/Werne, Richtung Werne/Selm auf Nordlippestraße, nach circa 2,8 Kilometern im Kreisverkehr 3. Ausfahrt auf Münsterstraße, nach circa 2,3 Kilometern links auf Burgstraße, links auf Roggenmarkt, von dort circa eine Minute Fußweg bis Kirchhof | **Öffnungszeiten** Karl-Pollender-Stadtmuseum: Di–Fr 10–12 Uhr und 14–17 Uhr, Sa nach Vereinbarung, So 10–13 Uhr | **Tipp** Südlich der Innenstadt liegt das Natur-Solebad Werne. Bereits 1874 stieß man auf die hier genutzte Solequelle.

WESEL-FUSTERNBERG

107 Das Fusternberger Fort
Vom Kriegsbollwerk zur Friedenskirche

Das Fusternberger Fort ist gar kein Fort. Es ist eine Kirche. Doch war der Sakralbau im 19. Jahrhundert tatsächlich mal eine wichtige preußische Wehranlage. Sie wurde 1856 errichtet, um sowohl den Weseler Bahnhof als auch die Bahnstrecken Oberhausen–Arnheim und Haltern–Venlo zu sichern. Bis zu 80 Soldaten waren im Fusternberger Fort dauerhaft stationiert – im Kriegsfall hätten sogar bis zu 500 Soldaten Platz gefunden. Doch wurde das Fort bereits 1890 aufgegeben und fiel 1908 in den Besitz der Stadt.

Ab 1915 begann man mit dem Abbruch. Der 15 Meter breite Graben wurde zugeschüttet und die Wallmauern abgetragen. Erhalten blieb das dreistöckige Reduit. Ein Reduit ist eine Zufluchtsstätte innerhalb einer Festung, in der auch die Unterkünfte liegen. Zunächst wurde das Fusternberger Reduit als Lagerstätte umgenutzt. Aufgrund seiner massiven Festungsbauweise diente es während des Zweiten Weltkriegs jedoch als Luftschutzbunker. Die Bevölkerung quartierte sich in den alten Schlafstätten der Soldaten, den sogenannten Kabüfkes, ein.

Nach Kriegsende richtete man in dem Bollwerk eine Notkirche ein. 1958 erfolgte der Bau der Friedenskirche »Zu den heiligen Engeln«, indem man das alte Reduit als architektonische Grundsubstanz nutzte. Ebenfalls in Ziegelmauerbauweise erbaut, verliert sich nun die Grenze zwischen alter Festung und neuem Kirchenbau. Im ehemaligen Geschützgeschoss ist nun die Krypta untergebracht. Die alten Schießscharten sowie das katakombenartige Innere sind noch immer erhalten. Wie ein markanter Schiffsrumpf sitzt darauf die Kirchenhalle. Die fast fensterlose Fassade und der fehlende Kirchturm lassen sie in Anlehnung an das alte Fort ebenfalls wehrhaft wirken. Im Untergeschoss des Reduits beziehungsweise der Kirche ist nun eine Ausstellung zur spannenden Geschichte eingerichtet. Ebenso sind noch zwei der Kabüfkes erhalten und können besichtigt werden.

Adresse Fusternberger Straße, Ecke Am Kirchplatz, 46485 Wesel-Fusternberg | **ÖPNV** Bus 83, Haltestelle Niederrheinhalle, circa 5 Minuten Fußweg | **Pkw** A 2 / A 3 Kreuz Oberhausen auf A 3 Richtung Arnheim / Emmerich, nach circa 17,6 Kilometern Ausfahrt Wesel auf B 58 in Richtung Wesel auf B 58, nach circa 5,7 Kilometern auf Clarenbachstraße, im Kreisverkehr 1. Ausfahrt auf Wackenbrucher Straße, links auf Kurt-Kräcker-Straße, links auf Am Kirchplatz | **Öffnungszeiten** während der Gottesdienste, Ausstellung nach Absprache | **Tipp** Auf der Fusternberger Straße befindet sich das alte Wasserwerk direkt an der Lippe, die Stadt bietet Führungen an. Zudem ist von dort der alte Lippehafen nicht weit.

108 Der Elbschetalviadukt
Henriette Davidis und ihre alte Kochplatte

Es war ein ambitionierter Plan, als man 1911 mit dem Bau der Bahnstrecke zwischen Witten und Schwelm begann. Die Bahntrasse sollte das Schienennetz des Ruhrgebiets entlasten und bis nach Köln ausgebaut werden. Doch obwohl die Strecke wegen der geringen Steigung und ihrer großen Kurvenradien Potenzial für eine wichtige Bahntrasse besaß, wurde sie nie vollendet. Zunächst verhinderte der Erste Weltkrieg den Ausbau, sodass das Teilstück von Witten bis Schwelm erst 1934 fertiggestellt werden konnte; der Anschluss bis nach Köln wurde aus Kostengründen gar nicht mehr umgesetzt. Der Streckenabschnitt in Wengern wurde 1984 stillgelegt und von Schienen befreit. Lediglich der Bahndamm und der markante Elbschetalviadukt erinnern heute an die alte Strecke. In fünf imposanten Bögen spannt sich das Bauwerk aus Ruhrsandstein über das Elbschetal und dessen Grenzgewässer zu Witten, der Elbsche.

Die Elbsche und ihr Tal gehören zum Naturschutzgebiet Elbschebach Witten Bommerholz. Entsprechend idyllisch sind auch die Wanderrouten, die sich von Wengern und dem Viadukt aus ergeben. Einer der Rundwege ist nach Wengerns bekanntester Persönlichkeit benannt – Henriette Davidis. Sie ist mit ihrem »Praktischen Kochbuch« die bekannteste deutsche Kochbuchautorin.

Um den Viadukt mit der Bahntrasse zu verbinden, musste circa 80 Meter nördlich des Elbschetals eine kleine Brücke am Henriette-Davidis-Weg errichtet werden. Hierfür riss man das Haus der Henriette Davidis ab. Um ihr Andenken zu wahren, setzte man ihre alte Kochplatte samt Inschrift in den Pfeiler der Brücke. In einem alten Fachwerkhaus direkt neben der Elbsche befindet sich seit 2004 nun das Henriette-Davidis-Museum. Von dort sind es circa 400 Meter zum Viadukt und seinem Naherholungsgebiet Elbschetal. Der Viadukt soll demnächst durch einen Radweg erschlossen werden, sodass Drahtesel nicht nur unter ihm durchfahren können.

Adresse Zum Viadukt, 58300 Wetter-Wengern, parken auf Wanderparkplatz in der Straße Im Bremmen | **ÖPNV** Bus 593, Haltestelle Wengern Denkmal | **Pkw** A 43, Ausfahrt Witten-Heven, rechts auf Seestraße, nach circa 1 Kilometer links auf Herbeder Straße, nach circa 2,7 Kilometern im Kreisverkehr 1. Ausfahrt auf Ruhrdeich, nach circa 1,5 Kilometern rechts abbiegen auf Ruhrstraße, nach circa 1,6 Kilometern links abbiegen auf Wengernstraße, nach circa 1,9 Kilometern rechts auf Schmiedestraße, dann links auf Im Bremmen | **Tipp** Die Bahntrasse quert in Witten-Bommern ebenfalls die Ruhr. Hier steht ein weiterer eindrucksvoller Viadukt.

109 Der Wetterkamin
Durchlüften mit dem letzten seiner Art

Auf einer kleinen Anhöhe, versteckt zwischen dichtem Baumbestand, steht ein Relikt von besonderem historischem Wert: der Weterkamin. Er demonstriert nicht nur die Untertage-Bewetterungstechnik vor den Zeiten der Industrialisierung. Er ist dabei auch noch der letzte seiner Art auf dem europäischen Festland. Der Wittener Wetterkamin aus dem Jahr 1856 gehörte zu der Zeche Vereinigte Geschwind und war ab 1865 Teil eines simplen, aber effektiven Belüftungssystems. Dieses funktionierte im Grunde wie bei normalen Kaminöfen auch – die heiße Abluft entweicht über einen Schornstein, während das Feuer die Frischluft aus der Umgebung zieht. Am Hang der Wittener Anhöhe stand hierfür ein Kesselhaus, das über einen 60 Meter langen, gemauerten Tunnel mit dem Wetterkamin verbunden war. Da der Kessel verschlossen war, konnte sich das Feuer den benötigten Sauerstoff nur aus dem darunter befindlichen Bergwerksschacht holen. So saugte der Brand die Luft aus dem Bergwerk, und durch den entstandenen Unterdruck strömte die im Bergbau als frisches Wetter bezeichnete Frischluft über die Hauptschächte unter Tage.

Doch zunächst diente der Wetterkamin lediglich als Rauchabzug für eine Wasserpumpe. Erst mit dem Zusammenschluss mit der Zeche Blankenburg 1865 leistete er seinen Beitrag zur Frischwetterzirkulation. Da sich das Untertage-Bauwerk zunehmend vergrößerte, reichte die Sogwirkung des Wetterschachts bald nicht mehr aus. Ab 1890 wurde er daher durch leistungsfähigere, dampfbetriebene Ventilatoren an anderen Wetterschächten unterstützt und 1891 stillgelegt.

Der unter ihm befindliche Tunnel ist mittlerweile zwar verfüllt worden, doch lassen sich am Hang noch die zum Kesselhaus führenden gemauerten Reste erkennen. Die untere Hälfte des 14 Meter hohen Schornsteins besteht aus sehenswerten Bruchsteinen, die obere Hälfte aus Backsteinen. Als letzter seiner Art steht er natürlich unter Denkmalschutz.

Adresse Waldweg 4, 58456 Witten-Buchholz | **ÖPNV** Bus 320, Haltestelle Rehnocken | **Pkw** A 43, Ausfahrt Witten-Herbede, rechts auf Wittener Straße Richtung Hattingen, nach circa 1,7 Kilometern links auf Im Hammertal, nach circa 1 Kilometer rechts auf Waldweg | **Tipp** In wenigen Autominuten ist das Haus Kemnade zu erreichen. Das Wasserschloss eint als Außenstelle des Museums Bochum gleich mehrere Ausstellungen, darunter eine Musikinstrumentensammlung, ein Bauernhausmuseum und die Schatzkammer Kemnade.

WITTEN-OBERDORF-HELENENBERG

110 Der Helenenturm
Ohne Rechtsstreit kein Geld für das Andenken

Wer kann schon behaupten, seiner Frau einen Turm gebaut zu haben? Eduard Strohn kann es. Er baute den Helenenturm zum Andenken an seine Frau. Dabei ist Helene Strohn eine geborene Lohmann. Die Lohmanns sind noch heute Stahlindustrielle in Witten und besaßen früher eine Fähre auf der Ruhr. Helenes Geschichte liest sich, bis auf ihr tragisches Ende, zunächst wie ein Märchen: Die junge Frau verliebt sich in ihren Prinzen, einen Juristen aus Berlin. Eduard Strohn hieß der Glückliche. Er ehelichte sie 1838 und holte sie zu sich in die preußische Hauptstadt. Sieben Kinder gebar Helene Strohn dort.

Währenddessen senkte jedoch ein preußischer Erlass die Fährentgelte, und den Lohmanns entgingen hohe Fähreinnahmen. Doch hatte Helene ja einen einflussreichen Justizrat in die Familie geholt, und so zog Eduard Strohn 1852 für die Lohmanns vor Gericht. Er gewann zwar den zweijährigen Rechtsstreit, doch überlebte Helene kurz darauf die Geburt ihres achten Kindes nicht. Da den Lohmanns eine beachtliche Entschädigung zustand, fiel auch Strohns Honorar entsprechend aus. Doch verzichtete er und ließ für das Geld den Helenenturm bauen. Familie Lohmann spendete das Gelände, und so war 1858 der Turm auf einem Ausläufer des Ardeygebirges fertiggestellt.

Imposant ragt er noch heute über die Stadt. Erbaut aus Ruhrsandstein, wirken die fensterlosen unteren drei Viertel des Turmes monumental schmucklos. Doch das obere Viertel weiß dekorativ zu überzeugen. Mit seinen das obere Viertel einleitenden Zierzinnen, der gotisch anmutenden Fensterreihe und einer weiteren abschließenden Reihe Zierzinnen erinnert er an den Turm aus dem Rapunzelmärchen.

Das im romantischen Stil erbaute Andenken ist derzeit wegen Sanierungsbedarf nur zu besonderen Anlässen begehbar. Doch allein dessen Anblick, das umgebende Wäldchen auf dem Helenenberg und der darunterliegende Stadtpark lohnen einen Besuch.

Adresse Helenenbergweg 22, 58453 Witten-Oberdorf-Helenenberg | **ÖPNV** Bus 379, Haltestelle Haus Witten | **Pkw** A 44, Ausfahrt Witten-Zentrum, auf B 226, nach circa 1,3 Kilometern weiter auf Crengeldanzstraße, nach circa 1 Kilometer links Richtung Egge, nach circa 1,8 Kilometern rechts auf Egge | **Öffnungszeiten** Unter anderem ist der Turm am »Tag des offenen Denkmals« begehbar. | **Tipp** Im Stadtpark findet sich die alte Unternehmervilla des Friedrich Lohmann senior. Der klassizistische Bau stammt aus dem Jahr 1868.

XANTEN-LÜTTINGEN

111 Der Lüttinger Knabe
Aus dem Rhein an die Südsee

Die Rheinfischerei prägte über Jahrhunderte das Leben in Lüttingen. Bis in die 1950er war das Dorf im Fischfang aktiv – doch vor allem, was die hiesigen Fischer Mitte des 19. Jahrhunderts aus dem Rhein zogen, sorgte für Aufsehen. Im Winter 1857/58 herrschte Niedrigwasser am Strom. Sechs Lachsfischer befreiten das ufernahe Flussbett von großen Steinen, die sonst ihre Netze zerrissen hätten, als sie einen Arm aus dem Boden ragen sahen. Ihr Fund war eine circa 1,50 Meter hohe Skulptur noch aus der römischen Zeit Xantens. Da das Flussbett des Rheins Staatsboden war, ging der sogenannte Lüttinger Knabe an das Pergamonmuseum in Berlin. Die Fischer erhielten einen Finderlohn von 4.000 Talern.

Das Original ist zwar in der Bundeshauptstadt ausgestellt, jedoch ließ sich Lüttingen einen Bronzeabguss der Figur fertigen. Dieser steht nun in exponierter Lage mitten im Dorf vor der St.-Pantaleon-Kirche. Doch ist der Lüttinger Knabe nicht das einzige Erinnerungsstück vor dem sehenswerten Gotteshaus. Hier findet sich auch die Skulptur »12 Apostel«, die an die Lachsfischer erinnert. Als 12 Apostel bezeichneten sich damals die Fischer zwölf hiesiger Familien. Jeweils sechs der Fischer lebten während ihrer 24-Stunden-Schichten zusammen in der sogenannten »Fischerhütte vom Pärdendyck« direkt am Rhein. 1999 baute der Heimat- und Bürgerverein eine originalgetreue Rekonstruktion der alten Steinhütte direkt an der Xantener Südsee auf. Hierbei handelt es sich um einen durch Auskiesung entstandenen See, der als städtisches Freizeitzentrum mit Naherholung im und am Wasser lockt. Auch vom Lüttinger Knaben aus lässt sich das Gewässer in nur circa fünf Fußminuten erschließen.

Das Original des römischen Jünglings stammt übrigens aus dem Jahr 150 vor Christus und wurde wahrscheinlich als »stummer Diener« genutzt. Nun dient sein Abbild als Reminiszenz an vergangene Fischerzeiten.

Adresse Pantaleonstraße 15, 46509 Xanten-Lüttingen | **ÖPNV** Rufbus SL 40, Haltestelle Lüttingen Schule | **Pkw** A 57, Ausfahrt Alpen, auf B 58 in Richtung Wesel/Geldern/Issum, über circa 15 Kilometer Beschilderungen Richtung Xanten folgen, in Xanten rechts auf Salmstraße, rechts auf Dr.-Cornelius-Scholten-Straße/Hagelkreuzstraße, 1. links auf Salmstraße, dann 2. links auf Pantaleonstraße | **Tipp** Der Xantener Dom gilt als der größte Dom zwischen Köln und dem Meer. Zusammen mit der historischen Altstadt und dem Archäologischen Park Xanten gehört er zu den Hauptsehenswürdigkeiten der Stadt.

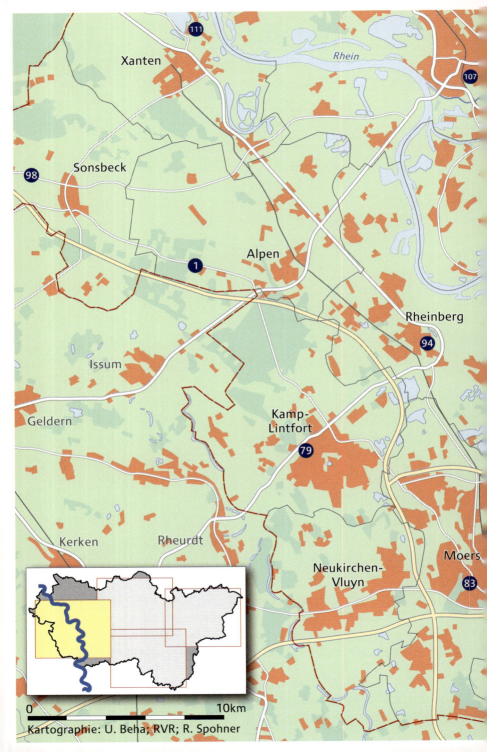

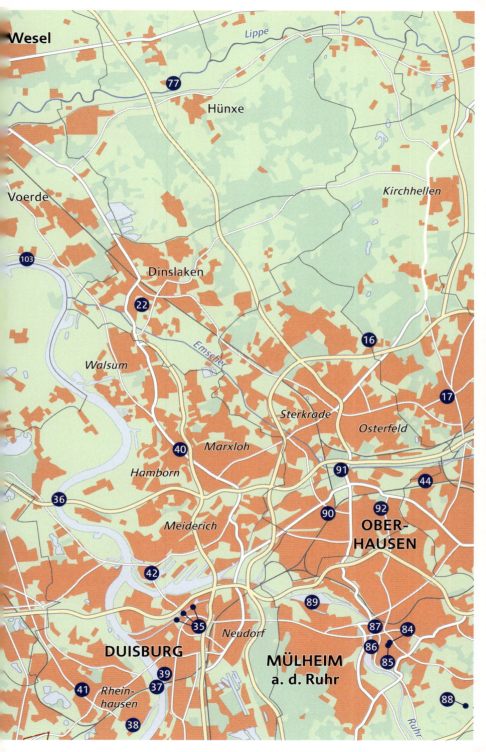

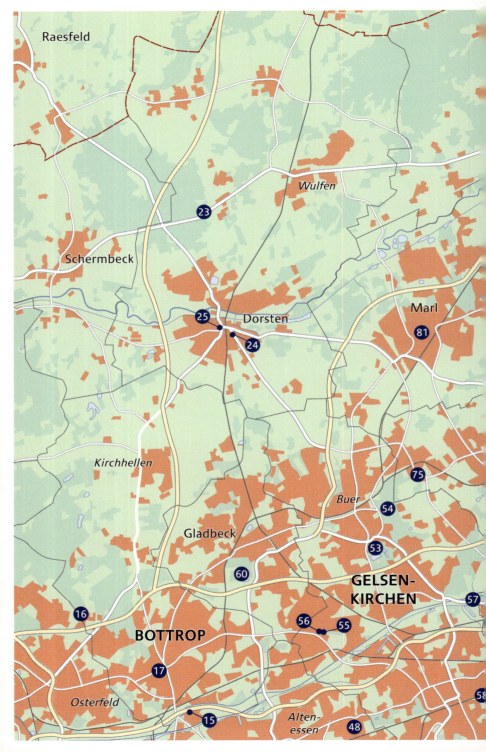

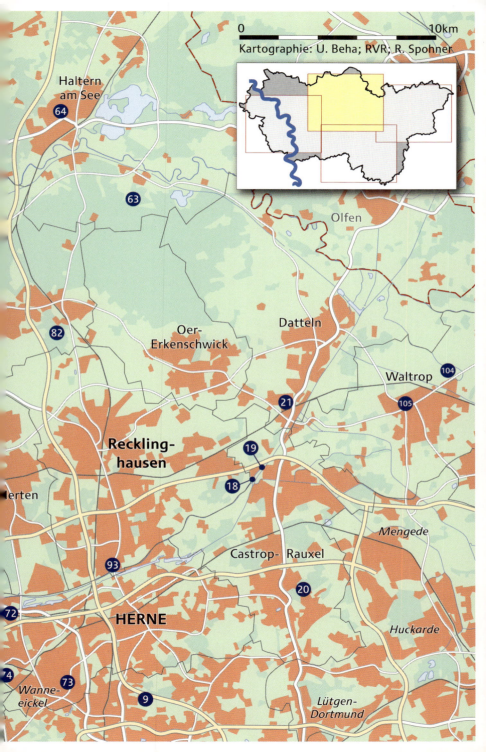

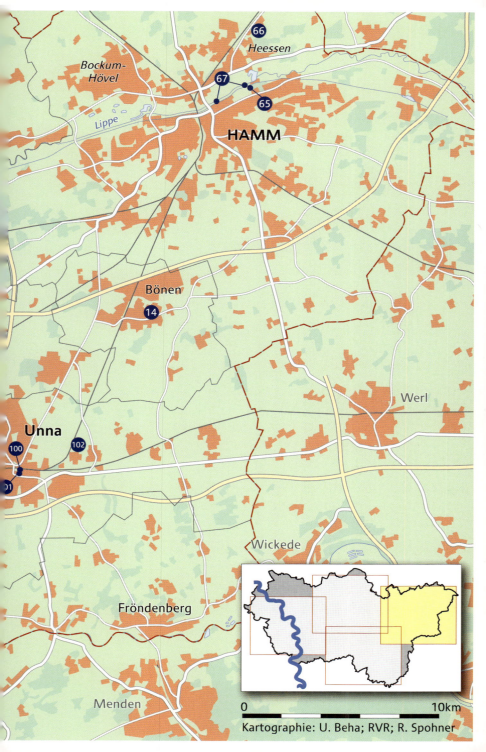

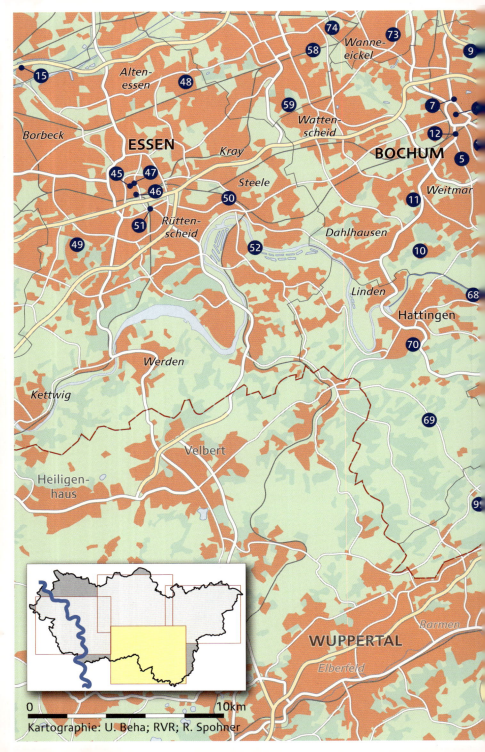

Dank

Dieses Buch hätte ohne die Hilfe und Unterstützung vieler Menschen nicht verwirklicht werden können. Allen voran gilt mein Dank Sarah für ihre unendliche Geduld, ihre wertvolle Kritik und ihren bedingungslosen Rückhalt. Auch meinen Eltern und Schwiegereltern, meinen Geschwistern, meinen Schwägern, meiner Schwägerin und meinen drei Nichten bin ich für ihren Beistand dankbar.

Ein »Merci« geht an Thierry für die berufliche Entlastung und ein »Merzie« an Peter aus Mölm für seine Informationen. Des Weiteren bedanke ich mich recht herzlich bei allen Ansprechpartnern der Heimatvereine, Kommunen, Städte, Verbände und Behörden und allen Privatpersonen für ihre unkomplizierte Zusammenarbeit, die vielen Einblicke, die bereitwillige Wissensweitergabe und die mir gespendete Zeit. Namentlich wären das Herr Clemens, Herr Schulz, Frau Pirags, Herr Preuß, Herr Voigt, Herr Dobbelmann, Frau Venker, Herr Beuth, Herr Räbber, Frau Kuchanny, Herr Evers, Herr Köster, Herr Ausbüttel, Frau Fritzsch, Frau Leitloff, Frau Hesse, Frau Brinkert, Herr Mester, Eheleute Tiemann, Herr Rosin und sein Sohn, Herr Bruecksken und die Rheinhauser Bergleute.

Meinen Freunden danke ich für ihre Geduld und Frau Kuhn für das großartige Lektorat. Ein ganz besonderes Dankeschön geht noch an Dominic für die alleinige Verwaltung des Kurhotels.

Der Autor

Fabian Pasalk wurde 1977 in Essen geboren. Dank seiner freiberuflichen Tätigkeit, die ihn in die tiefsten Winkel des Ruhrgebiets führt, kennt er die Region wie kaum ein anderer. Im Emons-Verlag sind »111 Orte im Ruhrgebiet, die man gesehen haben muss, Band 1« sowie die »Abreißkalender Ruhrgebiet« 2012, 2013 und 2014 erschienen.